筋肉をつけて24時間代謝を上げる！
働きながらやせたい人のための

「食べまくりダイエット」&「超時短ゆるガチ筋トレ」

自宅でできる簡単メソッド

ビキニフィットネスアスリート
外資系銀行員
安井友梨

監修
松久貴晴
（医学博士）

東洋経済新報社

はじめに
「自分と未来は変えられる!」

仕事もプライベートもさえない自分を変えたい!

30歳になるまで、私は**何の取り柄もないOL**でした。さしたる夢や目標もなく、ただ目の前の仕事に追われて消耗するだけの日々……。週末は疲れてぐったりしてしまい、ひたすら寝て1日が終わる。そんな生活を繰り返していました。

唯一の楽しみは、食べること。

あとから述べるように、私は**誰もが驚くほどの「大食い」**です。

そして食べれば当然太ります。ダイエットをしては失敗し、リバウンドを繰り返し、さらに落ち込む――。

そんな、どこにでもいるぽっちゃりOLだった私でしたが、**30歳を機にガラリと人生が変わった**のです。

なぜならそれは**「ビキニフィットネス」**という競技と出会ったからです。

大会に出るために本気で「自分を変えたい！」と思い、「筋肉をつくるための食事法」や「筋トレ」を開始したことが、すべてを激変させてくれました。

大好きな「大食い」も継続しながら、世界に通用する理想の体をつくり上げることができたのです。30代半ばとなったいまは、**仕事もプライベートも、毎日が「人生最高」**というくらい、とても充実した日々を過ごしています。

「オン」と「オフ」では10キロ以上の差！
――「食べまくっても体重をコントロールできる」体に

いま、私にとって**減量（ダイエット）は、人生の一部となっています**。

大会出場に向けて体をつくるには、「オン」の期間と、心と体を休ませる「オフ」の期間があります。次のように、オンとオフでは10キロ以上、体重差があります。

★オンシーズン……体重52～55キロ、体脂肪率８～10％
★オフシーズン……体重65～70キロ、体脂肪率20％

大会が近づくと、それに向けて10キロ以上の減量をします。

いままでは、**体重コントロールは自由自在。増やすのも減らすのも、思いのままにできる**自信があります。ただし、競技を始めたからといって、もともと人一倍食いしん坊でヘタレな私が、**急に「強靱な意志」を身につけたわけでは当然ありません**。

私がなぜダイエットに成功し、自由自在にウエイトコントロールができるようになったのか。それは、私にピッタリの大食いダイエット、**「食べまくりダイエット」**を考案したからです。

それに短時間で絶大な効果がある集中トレーニング術**「超時短ゆるガチ筋トレ」**を組み合わせることで、おもしろいようにやせることができ、思いどおりの場所に筋肉をつけ、カッコいい体をつくり上げることができるようになったのです。

予約が取れない大人気セミナーの内容を集約！

この「安井式メソッド」を伝えるため、競技開始から3年目、33歳のときに、日本全国でダイエットセミナーを開始しました。

セミナーは女性限定・定員制だったのですが、いまでは予約の取れないセミナーとして、好評をいただいています。そこに来る人は、ほとんどが初心者で、「自分を変えたい！」という強い気持ちを持って訪れてくださいます。

そしてセミナーを受けた方は、みなさん**自分を変えることができて自信に満ち、未来へ向けてキラキラと輝きを放っています**。

本書は**このセミナー限定だった「安井式メソッド」**を、**男女問わず誰にでも実践しやすいようにまとめた**ものです。はじめてダイエットを始める方も、「もっと理想に近づきたい」という方も、必ずや「結果」を出していただけると思います。

私がいつも自分に言い聞かせている言葉があります。

自分と未来は変えられる！

「過去」は誰にも変えることができません。
また、「他人」を変えることも難しいです。

でも、**「自分と未来は変えられる」のです！**

何かに秀でているわけでも、才能に恵まれているわけでもない、何の取り柄もない、へ

タレOLの私でも大会で優勝できました。

だから、みなさんにも必ずできます。

人には無限の可能性があります。

自分の可能性を信じてください。

何歳からでも、いつからでも、自分と未来は変えられます!

諦めずに小さな一歩を重ねていけば、その先には想像もつかないほどの**すばらしい「あなたと未来」が待っている**はずです!

[目次]

筋肉をつけて24時間代謝を上げる!
働きながらやせたい人のための

「食べまくりダイエット」
&
「超時短ゆるガチ筋トレ」

自宅でできる簡単メソッド

序章

大食いぽっちゃりヘタレOLから「全日本チャンピオン」に！

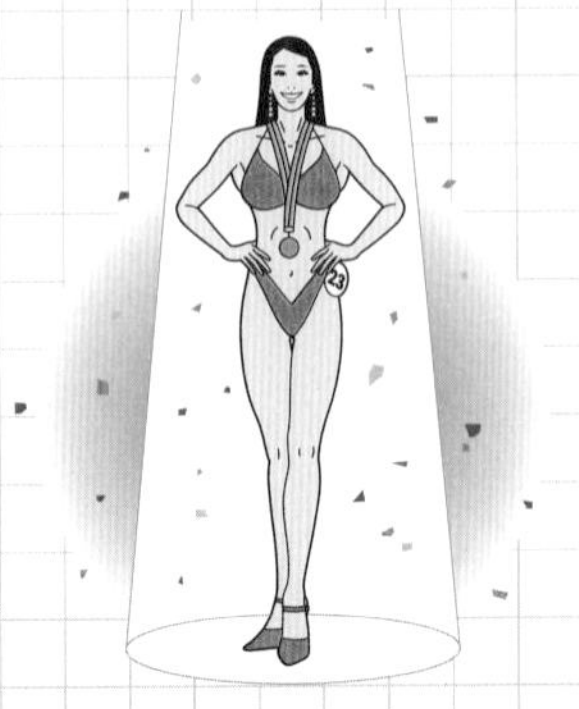

第2章

食いしん坊に朗報！　お腹が空く暇がない！
安井式「食べまくりダイエット」10の超基本

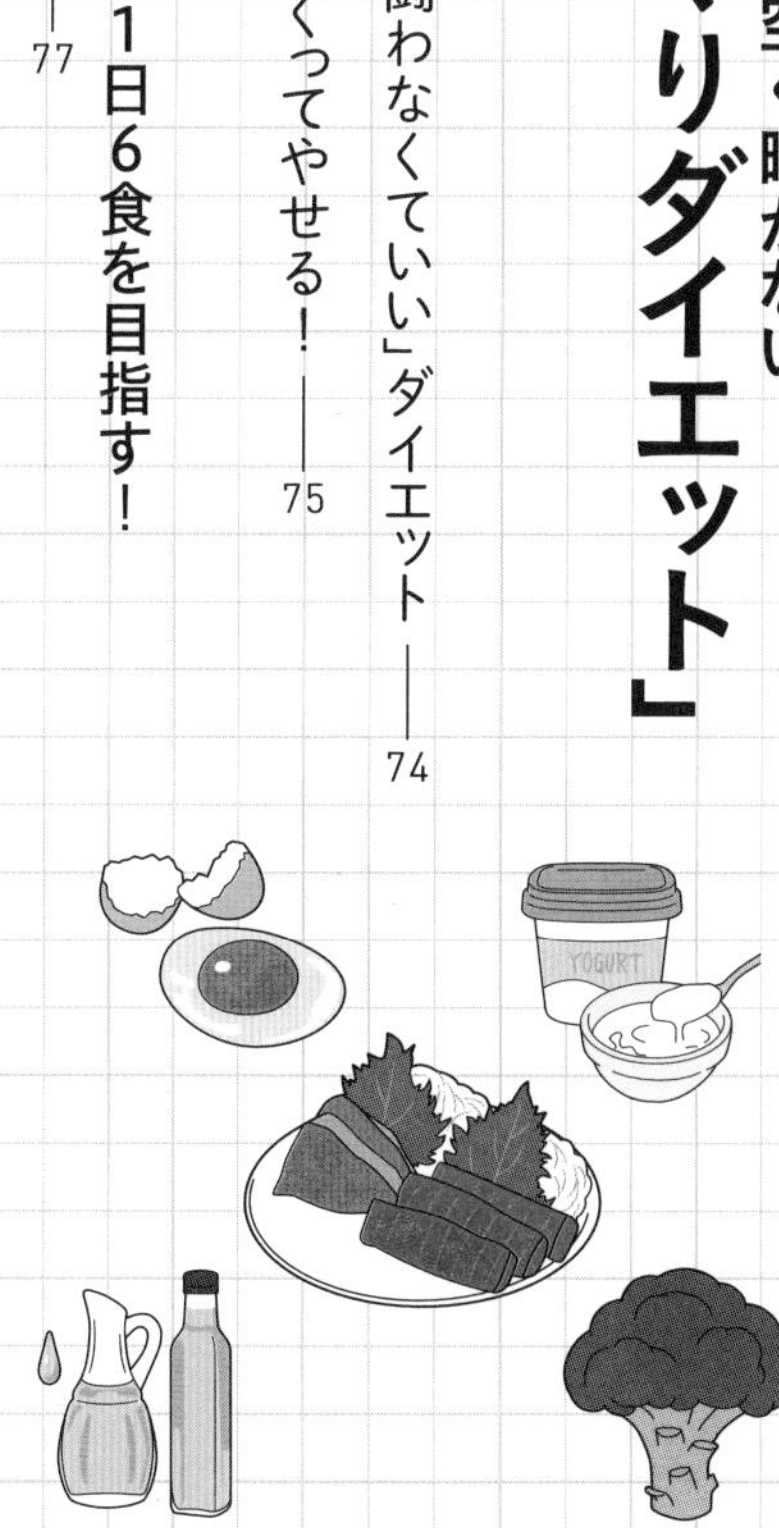

第3章

出先でもオフィスでも気軽にできる！ 安井式「食べまくりダイエット」〈実践編〉

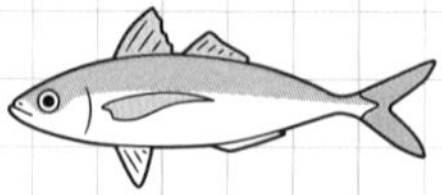

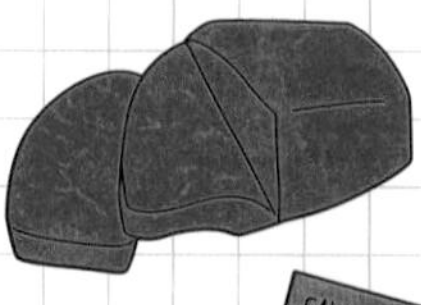

SALAD CHICKEN

第4章

たったこれだけやればいい！「筋肉のビッグ3」を鍛える5つの基本トレーニング

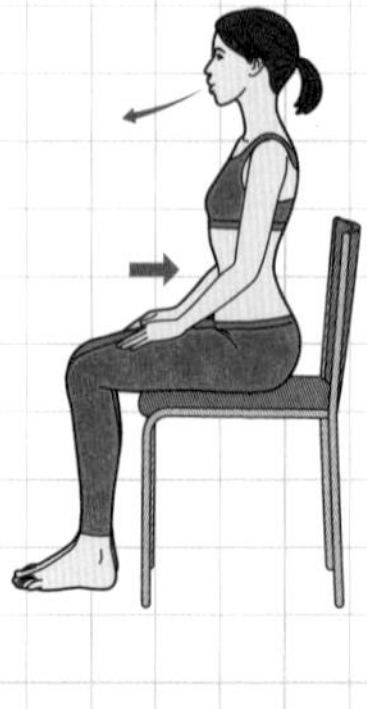

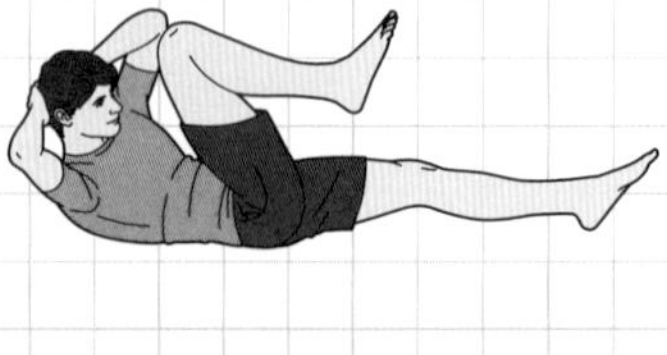

第5章

女性はくびれ、男性は割れる！ もっと本気でやせたい人のための「安井式集中ガチ筋トレ」

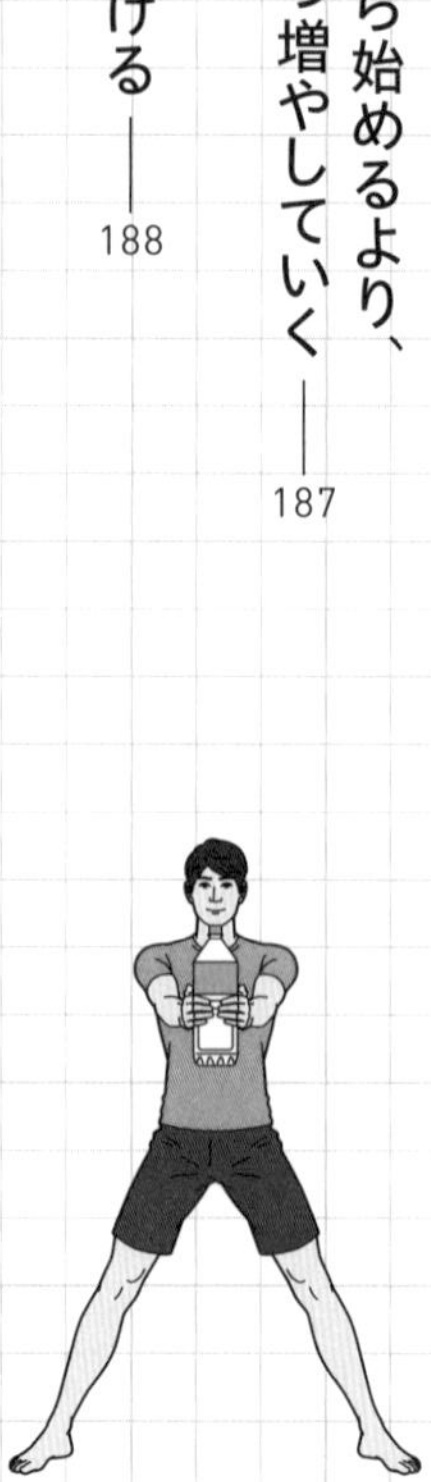

第6章

どんなに忙しくても最短で変わりたい！【4週間ダイエットチャレンジ！】

安井式　4週間ダイエットチャレンジ

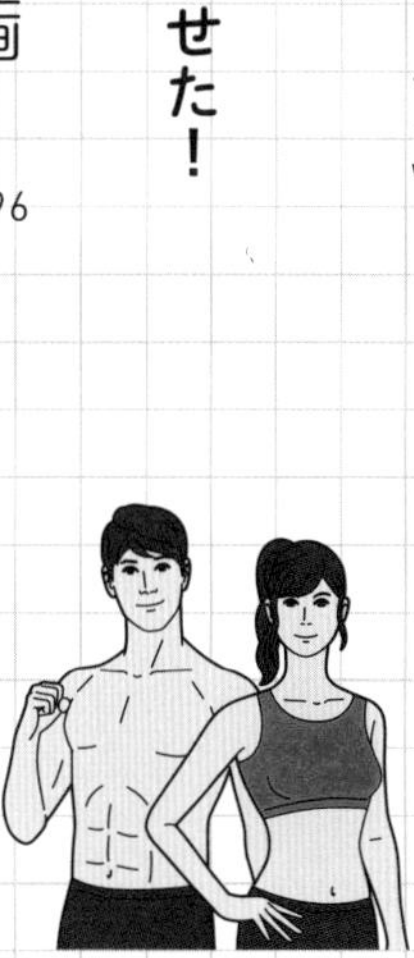

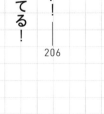

4週目

いよいよラストWEEK！

特別付録①

コンビニ、外食もOK！

序章

大食いぽっちゃりヘタレOLから
「全日本チャンピオン」に！

安井友梨
ストーリー

万年ダイエットに失敗してばかりのダメOLだった私

私は子どものころからずっと太っていました。大人になってからのピークは70キロ以上、ウエストは88センチもありました。

太っているのもそうなのですが、体型もコンプレックスだらけでした。

お腹ぽっこりで猫背、足が太くて短く、お尻は扁平で四角形……。

とくにお尻は最大の悩みで、常にお尻が隠れる服しか着ませんでした。お尻のラインが出るデニムなどのパンツスタイルは絶対にできませんでした。

「身長が高い（173センチ）から、少しぐらい体重があってもいいでしょう」と言ってくれる人もいるのですが、私にとってはその**身長が高いというのもまた、大きな悩みの種**でした。

なんとか1ミリでも小さく見せたくて、ヒザを曲げて歩いてみたり、わざと猫背にしてみたり……。姿勢が悪くなって、かえってカッコ悪くなっているのに……。

思春期には「立って寝ると身長が伸びない」などという、都市伝説のような話を信じて、**大マジメで立ち寝をしていました。**笑い話のようですが、当時は真剣そのもの。

でも身長は大学生になってからも伸びていて、「このまま止まらなかったらどうしよう！」と本気で焦りました。

とにかく横にもタテにも大きい体型だったので、人に「大きいね」「体格がいいね」と言われるのがイヤでイヤでたまりませんでした。小柄なクラスメイトを心底うらやましいと思っていました。

とにかく、**「コンプレックスの塊」**だったのです。

「この身長でよかった」と思えるようになったのは、30歳を過ぎて「ビキニフィットネス」に出会ってからでした。

焼き肉10人前、ホールケーキ30台、おはぎ年1000個！——「フードファイター並みの食いしん坊」

私が太っていた理由はごく単純、**私は食べることがとにかく大好き！**

「無類の食いしん坊」なのです。

いまもそれは変わっていなくて、周囲から驚かれるほどよく食べます。

大げさではなく、**焼き肉10人前は軽くペロリと平らげます**。

好きなのは炭水化物全般、肉類、揚げ物と、太りそうなものばかり。

甘いものにも目がなくて、毎食後にデザートを食べ、間食にもあんこなどを使った和菓子やクリームたっぷりのケーキを食べます。ここぞとばかりに、**クリスマスにホールのケーキを30台注文**したこともありました。

そしてＴＢＳ『マツコの知らない世界』から出演オファーがくるくらい、私は**マニアを公言するほどのおはぎ好き**。

いまでも**年間1000個以上、おはぎを食べます**。

米は1食につき6〜7合！　おかわり3杯は普通！
——「大食いファミリー」の中で育ち、あらゆるダイエットに失敗……

そもそも安井家は**一家そろって周囲が驚くほどの大食い**です。

私は３人きょうだいで妹と弟がいるのですが、３人とも大食いなのはもちろん、**父も母も同様に食べまくる**のです。

安井家の食卓は、毎日が「戦場」！

まず大皿に揚げ物や炒め物といった主菜をドーンと盛り付けて、サラダなどの副菜をそれぞれに、というスタイルが多かったのですが、まずは家族全員で大皿から攻める。早く食べないとなくなってしまうから。唐揚げなんか、もう取り合いです。

普通、親は「まず子どもに食べさせよう」とすると思うのですが、ウチでは親も「われ先に」と食べるのです。

米は1食につき、6〜7合は炊いていました。おかわりも3杯くらいは普通。それでも足りないときは、冷凍のご飯をチンして食べるんです。

でも不思議なのは、同じ「大食いファミリー」なのに、父と妹はどれだけ食べても全然太らない。むしろ、ガリガリにやせています。

逆に、私と母、弟は太りやすい体質。

母の母、つまり祖母が１００キロ超の肥満体なので、残念なことに、３人はその体質を受け継いでしまったのだと思います。

そんな大食いの私も、思春期になると、さすがに体型が気になりはじめました。

そしてもちろん、**ありとあらゆるダイエットを試してきました**。

こんにゃくやりんごだけを食べる「単品ダイエット」、あるいは「置き換えダイエット」「ファスティング」「糖質抜き」……。

でも、その**すべてに失敗**しました。

ダイエットして、すぐに体重が減っても1週間ほどですぐにガマンできなくなって、いっきに食べてリバウンド。すると元の体重より太ってしまう。

最悪のループに陥っていたのです。

仕事のストレスのはけ口に、毎日「ひとり食べ放題ランチ」で制限時間いっぱい食べまくる

大学を卒業して就職してからも、おデブ街道一直線。

最初の就職先はある有名証券会社での営業職だったのですが、それがもう、とにかく殺人的に忙しい。

でも私にとってははじめての就職。

もともと負けず嫌いな性格の私は、男性ばかりの軍隊のような職場の中で、とにかく次々と降ってくる仕事に、必死に食らいついていきました。

しかし職場で紅一点だったのが運のつき（？）で、**深夜までクタクタになるまで働いたあと、体育会系のノリでほぼ毎日飲みに連れていかれていました。**

かわいがってもらってはいたものの、これが毎日となると大変！　**かなりのストレス**でした。

そして、その**ストレスのはけ口を、すべて食べることで解消**していたのです。

毎日ランチタイムになると食べ放題のお店へ。そこでストレス解消を兼ねて、時間いっぱいまで食べまくるのです。

ランチにひとり、食べ放題でがっつくＯＬ……。ちょっと怖いものがあったかもしれません。

「大食いといっても、実際はそれほどでもないのでは？」と言われることがよくありますが、**私の大食いは男性も顔負け**です。

全然イバれる話ではないのですが、私は大食いでは数々の伝説（？）をつくっています。次の例を見てください。

●グループで焼き肉食べ放題に行って、友達がお皿にとって食べ切れなかった分を私が完食。

●焼き鳥店のコースでひとりで3人前（30本）を食べて、「もっと出してください」と注文したら、お店の人に「もうネタがない」と言われた。

●そのコースのシメにラーメン、カレー、うどんなど5種類が用意されていたが、「その全部を大盛りでください」と言ってお店の人をフリーズさせた。

●和菓子は箱ごと全部食べる。「赤福餅」は1回に一列（4個）をすくって一口で食べ、3すくいで一箱12個入りを完食するのがお気に入り。

●大大大好きなおはぎは、いっきに20個は軽く平らげる。
●シュークリームもいっきに20個、ケーキはひとりで1ホールは当たり前。
●大学時代は和菓子が食べたいがために茶道部に入部。
バイト代はすべて食べ歩きに費やす。
●男性も含めて、自分より大食いな人をいままで身近に見たことがない。

これらは、私の大食い記録のほんの一例です。
ちなみに、ひとつも誇張していません……。

「ぽっちゃりOL」だった私に訪れた転機——「やせたら人生が変わる!?」

そんな私に転機が訪れたのが30歳のとき。
すでに最初に就職した証券会社を辞め、いまの銀行に転職していました。
前職の殺人的に忙しい日々から解放されたものの、その反動か、完全に人生の目的を失っていました。

そんなある日、**なんと体重が80キロ以上あった母が、スポーツジムに通いはじめて半年で20キロ以上のダイエットに成功した**のです！

母も子どものころからずーっと太っていて、何度もダイエットに失敗して、病院やエステに通ってもやせられなかった人。なのに、**スポーツジムに行って、はじめてやせられた**のです！

やせた母はもうビックリするほど若返っておしゃれになって、毎日楽しそうに出かけるようになりました。

「やせたら人生変わるんだ！」

それを見てつくづく思いました。

そして私も、母に誘われてスポーツジムに行くことに。

それが、**私の運命を変える「大きなきっかけ」**となったのです。

☑ スポーツジムに入会したものの……なぜ!?　1キロもやせない！

でもスポーツジムには入会したものの、**もともと体を動かすのが大嫌いだったズボラな私が、急にストイックにトレーニングできるはずもありません。**

でも毎日のように通った理由、それは**ジムにある「お風呂」**でした。

サウナやジャグジーもあり、それがすっかり気に入ってしまって、「お風呂目当て」で通いはじめたのです。

トレーニングもそこそこに、「あ～疲れた」となって、すぐにジャグジーへ。

「ジムのお風呂って広くて最高！」

半年ほどそんな日々が続いたころ、ジムのスタッフに、

「もう半年も通っているけど、全然やせません」

「母は20キロもやせたのに、私は1キロもやせていないのはおかしい！」

と愚痴をこぼしたのです（いま思えば、クレーマーといわれてもおかしくないのですが……）。

すると、

「そもそも安井さんはどうなりたいんですか？」

「『こういう人になりたい』という目標はありますか？」

と、逆に聞き返されたのです。

「目標？　そんなこと、考えたこともありません」

「では今度来たときに、安井さんが『こうなりたい』と思う人の写真を持ってきてください」

そう言われて自宅に帰り、パソコンを開いてみました。

「ビキニフィットネス」との衝撃的な出会い

「えーっと……、私の『憧れの人』といえば……」

まず頭に浮かんだのが、女優の米倉涼子さん、菜々緒さん。

「そうそう、ヴィクトリアズ・シークレット（VICTORIA'S SECRET：アメリカの下着メーカー）のモデルさんもステキだなあ……」

いろいろ検索し、いくつか写真をピックアップして並べてみました。

でも、次の瞬間、マウスを持つ手がフリーズ。

どう転んでも、私がまさか米倉涼子さんになれるわけがない……。

そこには**厳しい現実がありました**。

モデルさんや芸能人と、典型的日本人体型の私とでは、手足の長さや、持って生まれたものが違いすぎます。


「もっと現実的に考えよう」

そう思ってさらに検索をするうちに、

「第1回ビキニフィットネス選手権優勝者」

という女性の写真が目に留まりました。

ボディビルダーみたいなムキムキではなく、筋肉がほどよくついています。

ウエストはキュッと引き締まり、ヒップは丸みがあってプルンと上向き、**女性らしいメリハリとしなやかさがある、健康的なすばらしく美しいボディ……**。

しばらく見とれてしまうほどでした。

「はー……、こんな世界があるのか……」

さらに調べてみると、その人は普通の主婦なのに、トレーニングをしてボディをつくり上げ、なんと全日本大会で優勝したというのです。

「えっ？　普通の主婦の人でも、こんなスーパーボディになれるんだ！」

「これなら、私も目指せるかもしれない！」

人生の目標を失っていた自分に、「負けず嫌い気質」が再燃！

ついに「憧れの人」を見つけた私は、その写真をプリントアウトし、勇んでジムに持っていきました。

「私、この人みたいになりたいです！」

ジムのスタッフにそう告げると、彼は、「あーそれですか……」という冷めた反応。

「こういうボディになりたいなら、よっぽどトレーニングをしないといけませんね。安井さんにはちょっと難しいですよ」

と言われてしまいました。

でもそのときの私は、**その反応に諦めるどころか、息を潜めていた負けず嫌いの性格が顔を出し、かえって火がついてしまった**のです。

ビキニフィットネスがどんな世界かもわからないし、トレーニングのトの字も知らないくせに、

「なにがなんでも、あの美しいボディに近づいてやる！」

という気持ちがメラメラと湧いてきたのです。

人生初！　15キロのダイエットに成功！

ビキニフィットネスをやるには、専門の指導ができるトレーナーにつく必要があります。

しかし**当時の私は、まったくの初心者**。もちろん何のつてもありません。だから、その優勝者が通っていたジムを探し当て、そこに移ることにしたのです。

それにあたって、**まず決行したのが、ダイエット**です。

なぜなら、70キロ超えのぽっちゃり体型で「ビキニフィットネスがやりたいです」と

言ったって、「なんかの冗談ですか？」と門前払いされるのではないかと思ったからです。

糖質カットをして、お菓子もやめて、夕食は鍋などの**野菜中心の食生活に切り替えました**。

それを必死に続けたら、なんと**3カ月で15キロ以上の減量に成功した**のです！

いっきに55キロにまで体重が減り、**私の人生で初の「ダイエット成功」**でした。

「これでビキニフィットネスの体になるのも夢じゃない！」

自信満々で、さっそうと新しいジムの門をたたきました。

じつは**そこでお会いしたビキニフィットネスのトレーナーが、私の人生を変えた**のです。

あとから知ったのですが、なんと彼は全国でも有名な**「伝説のトレーナー」**だったのです。

「伝説のトレーナー」に初対面で言われた一言
「まるで妖怪みたいな体型だな」

「ビキニフィットネスの体になりたいです！」

意気揚々と宣言した私を、そのトレーナーは一瞥してこう言いました。

「身長に対して足が短い。肩幅がないし、上半身は貧弱。小学5年生ぐらいの上半身だな。ズン胴で下腹ぽっこりだし、胸も尻も垂れている。**まるで妖怪の『餓鬼』みたいだ**」

え〜〜〜〜!?

初対面の人に、ここまではっきり言われたことははじめてでした。木づちで頭をズコン！　とたたかれたような、ものすごいショックを受けました。

このときの私は、まさに「鳩が豆鉄砲を食った」ような顔をしていたに違いありません。

この日、とりあえずビキニを着て写真を撮ってもらったのですが、あ然としました。

あれほどがんばってやせたのに、そこに写っていたのは**自分の理想とはかけ離れた、筋肉を失った脂肪だらけのたるんだ体**だったのです……。

「私って、こんな体型なの⁉」

「必ず優勝させてみせるから、僕を信じてついてきてほしい」

「これはもうビキニフィットネスどころじゃないな……」

心の中で帰り支度を始めた私に、そのトレーナーは続けて、驚くべき言葉をかけてきたのです。

「次の大会まであと10カ月しかない。**もし君が日本一を目指してやるなら、必ず優勝させてみせるから、僕を信じてついてきて**。本気でやる気があるなら、まず自分のブログを立ち上げて、そこで『優勝する！』ってみんなに宣言して」

「冗談でしょ⁉」

もう、とにかく驚きしかありませんでした。

でも、いままで失敗ばかりだったダイエットにはじめて成功できたのに、ここで諦めるのか？

ここまで言ってくれる人がこの先、現れるだろうか――？

しばし逡巡したあと、私は、

「わかりました、やります！」

と言ってしまったのです。

やはり**「自分を変えたい」という強い気持ち**には抗《あらが》えませんでした。

「ここで引き下がったら一生、何の取り柄もないぽっちゃりOLのままだ」

ここでも、負けず嫌いな自分が勝ったのです。

「ビキニフィットネス」の世界にどっぷりハマる

「ビキニフィットネス」はボディビル競技の中でも比較的新しく、目標は「女性らしいボディ」です。**全身ムキムキの筋肉で、筋が浮き出るような絞り方はしません。**

目指すのは、ほどよく筋肉がついた健康的なプロポーション。

バストはしっかりあって、ウエストはしっかり絞れているけれど、お尻はプリッと丸みがあってアップしている。まさに**砂時計のような、そんなボディを理想とします。**

ボディビルにはちょっと抵抗があるという女性でも、ビキニフィットネスは受け入れられやすく、世界中で人気が高まっています。

審査は頭のてっぺんから足のつま先まで、トータルで判定されます。

肌の艶、筋肉、ヘアメイク、ビキニのセンス、ウォーキング、ポージングも審査対象。

また外見だけでなく、いかに内面的な自信にあふれエレガントであるかという、内側からにじみ出る人間性の部分も見られます。

そんな奥深い「ビキニフィットネス」の世界を知れば知るほど、どっぷりとハマっていきました。

負けず嫌いの性格は、ますます加速。でもそこがうまくビキニフィットネスにハマって、「やってやる！」という強い思いを持つことができたのだと思います。

大会に向けて食べまくれ!?　——大会までの10カ月でやったこと

10カ月後の大会に向けて、まず何をしたか。

それはなんと「増量」でした。

せっかく人生初のダイエットに成功したのに、体重を増やさないといけないとは……。本当に落ち込みました。

理由は、私がとても姿勢が悪く、つくべきところに脂肪がついていないため、いまのままトレーニングをして筋肉をつけても、きれいな体にならないというのです。

ボコボコの土地の上に、いくらきれいな建物を立てても無駄だと言われました。

でも「食べていいんだ」と思ったら、もう止まりません。

3カ月食べていなかった炭水化物も解禁とあらば、あとは**ダムが決壊したかのように食べまくりました**。

最初のうちはトレーニングも筋肉をつけるためのものではなく、姿勢の矯正やストレッチばかり。仕事終わりに週2回ジムに通い、すっかり仲良くなったトレーナーとおしゃべりして爆笑したりして、ゆるーく楽しくやっていました。

「30歳を過ぎても、変わることができるんだ！」

そんな日が半年以上も続いて、あっという間に大会3カ月前。

「本当に大丈夫なのか？」という疑いすら覚えはじめたころ、私の体重は10キロ増、体はプヨプヨで筋肉はほとんどついていません。

不安が頂点に達したある日、「これで本当に大会に出られますか？」とトレーナーに詰め寄ると、「ようやくそういう気持ちになったか」と言われ、そこから猛ダッシュが始まりました。

そして大会に向けて、そこから本格的に筋トレを開始し、食事も**筋肉の素となるタンパク質を切らさない食事を徹底**し、玄米、野菜という、本格的なボディビルダーの食事にシフトしました。

すると、私の体は確実に変わっていきました。体重は落ちていき、筋肉がみるみるついていきました。

鏡を見て成長していくのが自分でもわかるくらいに、毎日体が激変していきました。

「こんな私でも、30歳を過ぎてでも、変わることができるんだ！」

気持ちが前向きになり、外見だけでなく、メンタル的にもどんどん自信がついていきました。

上司に呼び出された衝撃の理由

「安井君、ちょっと話があるんだけどいいかな？」

そのころ、会社の上司に呼び出されました。

上司は深刻そうな顔で、こう切り出しました。

「安井君、病気なら悩んでいないで、私に相談してほしい」

（！！！！）

私が日々、やせていって、色もだんだん黒くなっていく（大会出場のために日焼けしないといけないので、マシンで焼いていた）のを見て、会社のみんなが心配していたというのです。

私の食生活が一変したことも、みんなを驚かせていました。

それまでランチに名古屋名物あんかけスパゲティの大盛りとか、食べ放題に行っては無限大に食べていたのが、急に断るようになり、ひとりでこそこそタッパーに入ったササミやブロッコリーを食べている、と。

「安井は何か悪い病気にかかって、普通に食事ができなくなったのではないか」と噂になっていたのです。

会社では、ビキニフィットネスのことは誰にも言っていませんでした。まだまだ知名度の低いビキニフィットネスという競技が理解してもらえるかどうかわからなかったし、プライベートなことだから、話すことでもないと思っていたのです。

そこではじめて説明すると、上司は破顔一笑。

「わかった、そういうことなら応援するから！」

みなさんを心配させて申し訳なかった、と心から反省しました。

ついに迎えた大会当日 ——あがり症で頭の中は真っ白…… ビキニスタイルに恥ずかしさが頂点に！「早く帰りたい！」

こうして出場したはじめての大会。

まったくの初心者で、わずか10カ月のトレーニングで出場するというありえない挑戦でした。まわりは経験豊富な選手ばかりです。

しかも私が**「フィットネスビキニ優勝への道」**というタイトルをブログにつけていたせいで、**「あなたがあの友梨さん？」と声をかけられるなど、業界ではある意味有名人になっていた**のです。

「トレーナーの指示とはいえ、やっぱりあんなタイトルつけるんじゃなかった……」と後悔しました。

そうでなくても**恥ずかしくて、ステージに立つだけで身もすくむ思い**でした。

私はそもそもがあがり症のうえ、人前でビキニになること自体に慣れていません。

まわりの人はみんな堂々としていて自信たっぷりで、輝いて見えます。

競技中は、もう頭が真っ白。

でも、**ステージ上では笑顔がデフォルト**です。常に笑っていなければいけません。

ところが私は顔が引きつって、笑顔なんて、とてもじゃないけどつくれる状態ではありませんでした。

「せめて口だけでも開けておくしかない！」

と、口を「獅子舞」のようにパカッと開けていたのです。

あとで写真を見たら、どう見ても「おバカ顔」。トレーナーからも「なんだ、あの顔！」

と言われる始末……。
それほど**素人丸出しの状態**でした。

はじめての大会で、「まさか!」……奇跡が起こった!

そして結果発表。

「優勝者は……」

本来ならば緊張の一瞬ですが、「私には関係ない」と思っていたので、出場者の後ろのほうでボーッと突っ立っていました。

ところがなんと、私の名前が呼ばれたのです。

はじめて出た大会で、総合優勝を果たしてしまったのです!

「え、私!? ウソでしょ!」

言葉では言い表せないほど驚きました。

それと同時に、心の底から、ふつふつと喜びがこみ上げてきました。

「何の取り柄もない、どこにでもいるぽっちゃりOLでも、30歳を過ぎてからでも、や

ってみればできるんだ
「ひとつのことを一歩一歩やり続ければ、無限の可能性が開けるんだ！」
「自分と未来は変えられるんだ！」
私にとって、はじめて「人生」を実感できた瞬間でした。

でもその一方で、優勝するまで10カ月という短期間であったということに自分の中で納得がいかず、「肉体的にも精神的にも『真のチャンピオン』になりたい！」という思いがどんどん強くなっていったのです。

「いままでのゆるい生活を捨てて、チャンピオンとしての人間性も磨かなくては」と強く感じました。

「もっと上を目指そう」

そう決意し、**この日をスタートに「世界の**

舞台」を目指し、私の「真の競技人生」が始まったのです。

それは、高みを目指して愚直なまでに前に進み続けようとする毎日の始まりでした。

トレーニングを始めて10カ月後

体重

52キロ

体脂肪率

10%

ぽっちゃりOLだったころ

体重

70キロ

体脂肪率

32%

そして現在——。

多くの人の支えを受けて、**「仕事と競技の両立」**をテーマに、どちらも手を抜くことなく、日々鍛錬を続けています。

簡単ですが、ごく普通のＯＬだった私がなぜビキニフィットネスを始めたか、お話ししました。

次の章からはさっそく、「安井式メソッド」を紹介していきます。

始める前に、私からみなさんに贈りたい言葉が、３つあります。

1. **「できるかできないかではなく、やるかやらないか」**
2. **「明日、最高の自分を迎える準備を今日、できているか？」**
3. **「自分を信じて、１日一歩前に進めば必ず道は開ける」**

「安井式メソッド」で理想の体を手に入れることで、みなさんの人生がよりすばらしいものに変わりますように！

安井友梨成績一覧

〈JBBFオールジャパン・ビキニフィットネス選手権大会5連覇中〉

●2015～2019年

世界フィットネス選手権大会日本代表

●2016年

世界フィットネス選手権大会11位

●2018年

アーノルドクラシック ヨーロッパ大会【アマチュアビキニ部門4位】

●2019年

世界アジアボディビル・フィットネス選手権大会優勝

●2019年

JBBF FITNESS JAPAN GRAND CHAMPIONSHIPS

2019優勝

※JBBF：日本ボディビル・フィットネス連盟

第1章

食欲をガマンしない！
どんなに忙しくてもOK！

「食べまくりダイエット」&「超時短ゆるガチ筋トレ」の7大メリット

安井式ダイエットは「ガマンしない」&「時短」がキーワード！

安井式ダイエットは、外資系金融機関で働く食いしん坊ＯＬである私が挫折を繰り返しながら考えた**「食事法」**と、食べたものを24時間消費するための筋肉を育てる**「筋トレ」**の２本柱で構成されています。

「食事」だけでも「筋トレ」だけでも成立しません。

健康的で引き締まったボディをつくるには、この両方が必要不可欠。

この２つを組み合わせることで「理想的な体」が完成します。

まず第2〜3章では、食べることが大好きな私がたどり着いた、24時間代謝を上げ続ける**「食べまくりダイエット」**を紹介します。「食べたいものをガマンできない」「いつもリバウンドしてしまう」という人でも、私の方法なら大丈夫です。

「いつでもどこでも、ただ座っているだけでも脂肪が燃焼する体」

そんな理想的な体をつくり上げれば、しっかり食べながらでもダイエットを持続させることができるからです。

巻末の「特別付録」では、忙しい人でも無理なく続けられる**「コンビニ」「外食」**の

安井友梨式

超時短メソッド

食べまくり
ダイエット

×

ゆるガチ
筋トレ

↓

食べても太らない、健康的で
引き締まった理想的な体！

活用法、便利な「つくりおき」や「簡単レシピ」を紹介します。

第4〜第5章では、私がおすすめする「筋トレ」を紹介します。

筋トレというと「ハードルが高い」と感じる人も多いですよね。食事だけならまだしも、「運動はちょっと……」と思うかもしれません。

でも、**効率よくピンポイントで筋肉を鍛えて「1日10分」でOKな安井式なら、忙しい人も、運動が苦手な人も続けられる**のです。

私のセミナーに来てくださる人の多くは、「筋トレ初心者」です。忙しい毎日の中で、「もっと自分を磨きたい」という強い思いを抱いている人ばかりです。

そこでダイエットもトレーニングも、**「いかに最小限の時間（期間）で最大のパフォーマンスをあげることができるか」**を追求した結果生まれたのが、「安井式メソッド」です。

多忙なビジネスパーソンや、家事や子育てに忙しい人にも、ストレスフリーで続けられるはずです。

では「安井式メソッド」には、どんなメリットがあるのでしょうか。

詳しいやり方を説明する前に、まずは「7大メリット」を紹介します。

安井式のメリット
1

ガマンしなくていい！
――どんなに食いしん坊でも、ストレスなくやせられる

まず安井式の最大の特長は、「ガマンしなくていい！」ということ。

「食べないダイエット」はそのときは体重が落ちるのですが、長期的にはとてもダメージを受けます。

まず、**食べないことによって、筋肉量が減ってしまいます**。

すると**基礎代謝が低下し、「ちょっと食べても太りやすい体」になってしまう**のです。

もちろんリバウンドもしやすくなります（かつての私が陥ったパターンです）。

なにより、食べないダイエットは精神的につらいものです。

「つらい」ということは、つまり長続きしません。

私が提案するメソッドは、食べる内容は変わっても、**しっかり食べられてお腹が空く暇がないので、ダイエットしている感じがまったくしません**。

だから続けられるのです。

食べないダイエット

筋肉量低下

基礎代謝の低下

ちょっと食べても太りやすい体へ

リバウンド

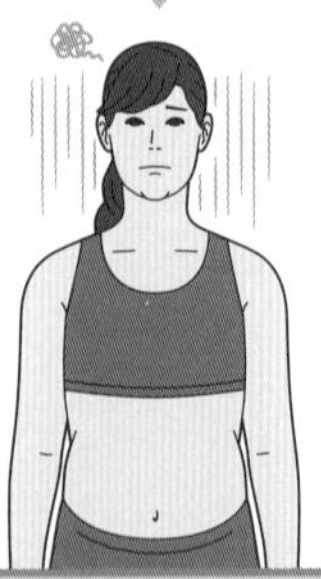

続けられない悪循環

食べるダイエット

筋肉量UP

基礎代謝がUP

寝ていてもやせる体へ

脂肪燃焼

食べてやせるいい循環

安井式のメリット
2

男性は腹筋が割れ、女性はくびれる！
──引き締まった、男性・女性らしい体つきに

２つめのメリットは、**ほどよく筋肉がついた引き締まった体になれる**こと。

たんにやせるだけでは、メリハリのない貧弱な体になってしまうだけでなく、筋肉量が減って代謝が落ち、リバウンドしやすい体になってしまいます。

よく私のセミナーを訪れた女性から、「筋トレをするとムキムキになってしまうんじゃないですか？」と聞かれますが、まったく心配しなくても大丈夫です。

女性は女性ホルモンの作用があるため、ムキムキになりたくても、そう簡単にはなれません。逆に**男性は、「テストステロン」の影響で筋肉がつきやすい**です。

「テストステロン」は、タンパク質の合成を促し、骨や筋肉を維持・増強させる、男性ホルモン。女性にも、男性ほどではないにしろ分泌されています。

だから同じ腹筋を鍛えても、女性は引き締まってくびれますが、いわゆる「シックス

パック（腹直筋という筋肉がきれいに6つに割れて見える状態）」になりにくいのです。

「安井式筋トレ」は、最も効率よくインナーマッスルを刺激して脂肪を燃焼し、筋肉をつける方法です。

具体的なやり方は第4～第5章で述べますが、「筋肉のビッグ3」を集中的に鍛えることで、最小で最大のパフォーマンスをあげます。つまり、**ピンポイントで「大きな筋肉」を狙って鍛えることで、効率よく「筋育」できる**のです。

とはいえ、プロがやるようなハードなものではありません。

自宅で、誰でも簡単に取り組むことのできるトレーニングばかりです。

そして、**効率がいいから短時間でOK**です。時間は**1日たった10分**。ジムに行く手間もなく、これなら忙しい人、運動が苦手な人にも無理なく行っていただけるはずです。

そして、腹部のインナーマッスルを集中的に鍛えることで、**男性はぽっこりお腹が解消して次第に腹筋が割れ、女性は引き締まった「くびれ」が手に入る**のです！

安井式のメリット
3

肩こり、冷え性が改善し、肌が若返る
——基礎代謝が上がって血行がよくなり、体の不調がみるみる消える！

安井式を始めた人は、みなさん「体質が変わった！」とおっしゃいます。

私の場合はまず**「肩こり」がなくなり、体が軽くなりました**。

それまで、1週間に何度もマッサージに行っていたほどひどい肩こりや頭痛持ちだったのですが、それもいつのまにか一切なくなっていたのです。

筋トレをすることで血行がよくなったのと、自分のスタイルを鏡で見ることが増え、**猫背が改善された**のも大きかったと思います。

それから、**体温が上がりました**。

それまでは体温が35度台で、夏でも靴下を2枚重ねて履いて寝るぐらいの、極度の冷え性。職場ではなんと一年中、足元にヒーターを置いて仕事をしていました。

汗も全然かかない体質で、サウナやホットヨガに行っても、なかなか汗が出ない。

それがトレーニングを開始したら、みるみる改善されたのです。
体温は36度台後半にまで上がり、いまはもう冬でもノースリーブでいられるぐらいです。

体温が上がるということは、基礎代謝が上がるということです。

常に燃焼しているから食べても太らないし、汗もドンドンかくようになりました。

そのおかげか、**肌もきれいになりました**。アトピー性皮膚炎も治り、周囲からは、「何か特別なお手入れをしているの？」と言われることが多くなりました。

肌は20代のころより、30代のいまのほうが断然きれいだと自負しています。

安井式のメリット 4

疲れやだるさが解消！ 免疫力がアップし、健康体になれる
——仕事もプライベートも充実し、毎日がアクティブに

肩こりや冷え性が改善されると、**疲れも感じにくくなりました**。

それまでは常に体がだるく、仕事が終わったらドッと疲れ、まっすぐ家に帰るだけの生活。アフター5に遊びに行くとか、買い物するなんていう余裕はゼロ。夜寝てもなかなか疲れがとれないので、土日は1日中「寝たきり状態」でした。

でもいまは、日々のフットワークがとても軽くなり、毎日が充実しています。

週5日、目いっぱい仕事をして、仕事帰りにジムに行って、土日も1日中トレーニング、あるいは日本各地でセミナーを開催しています。夜はブログやインスタグラムをアップしたりメールの返信などをして、寝るのは1時過ぎという生活です。

いまは勤務先が東京なので、土日は新幹線で地元名古屋と行き来もしています。

とにかく365日、休みはほぼありません。

でも、**まったくの疲れ知らず**です。

そして血液の循環がよくなり免疫力がアップしたからか、冬でもノースリーブを着たりしているのにもかかわらず、**全然風邪をひかなくなった**のです。

かつての私には考えられないほどの**健康体が手に入った**のです！

安井式のメリット
5

腸内環境が整い、イライラや便秘、不眠から解放される！

――無駄な老廃物がデトックスされ、幸せオーラが……
人間関係も良好に

「安井式ダイエット」を実践しはじめてから、疲れがたまることがなくなると同時に、ストレスからも解放されるようになりました。

夜はぐっすり眠れ、朝はパッと目が覚めるように。

忙しくて短時間しか睡眠がとれなくても、疲れを翌日に持ち越すことが少なくなり、短時間でエナジーチャージできる体になりました。

あと、もともと便秘症だったのに、毎朝スッキリ。無駄な老廃物や毒素が体から排出されている感覚があります。

これは、**安井式食事法＋筋トレで「腸内環境」が整ったから**こそ。

腸内環境が整うと自律神経の乱れがなくなり、俗にいう幸せホルモン「セロトニン」

の分泌量が適正になるのです。

すると、周囲にも明るい印象を与えるようになり、人間関係がうまくいくことも増えました。

162ページで紹介する「安井式ブレス」も、横隔膜を刺激して胃腸に働きかけるため、大きな効果を生んでいると思います。

安井式のメリット
6

メンタルが劇的に強くなる！
——自分に自信がつき、打たれ強く、前向きになれる！

体調がよくなるにつれ、メンタルもどんどん変わっていきました。
これは私の人生を変えるほど大きなことでした。
私はもともと、ネガティブ思考なところがあったのですが、**自分でもびっくりするほど、考え方が前向きになりました。**
「なぜトレーニングをすることでメンタルが変わるのか」と思われるかもしれませんが、

それが大アリなんです。

筋トレは、常に自分との闘い。苦しいから途中でやめてしまいたいとか、力を出し切れないとか、弱い自分が顔を出します。

そこで私が心がけていることは、**1日一歩、小さなゴールテープを切り続けること**。日々の成功体験が積み上がっていくことが**「私にもできる！」という大きな自信につながっていく**のです。

それまでの私は「いっきに10キロやせよう」などと大きな目標を掲げては、挫折するという繰り返しでした。それでは掲げている目標が大きすぎ、できない自分を追い込むことになりかねません。

1日一歩、確実に進む。

それができた自信が「自分と未来は、変えられる」という〝できるの心〟を育てます。

筋トレを続けることで、自然とそういう**意識改革**みたいなものが起こっていきました。

安井式は**「心の筋トレ」**といってもいいかもしれません。

安井式の
メリット
7

仕事、プライベート……なんでもチャレンジしたくなる！
――ピンチをチャンスに変える不屈の精神が身につき、アグレッシブに！

安井式トレーニングは、仕事をするうえでも生きています。

仕事をしていると、難しい案件とか、難しいお客さまとか、大変なプロジェクトなど、「難問・難所」がありますよね。

以前の私はそういうとき、逃げ腰気味で、「いまやらなくてもいいよね……？」と自分を甘やかし、避けて通ってきました。

でも、いまは難しいこと、厳しいことも、自ら進んでチャレンジしようと思えるようになりました。

「ピンチはチャンス」ではないけれど、**「キツいことを目の前にしても、勇気を持って一歩前に踏み出しチャレンジすれば、自分が成長できる」**と思えるようになったのです。

こんなことは以前は考えられないことでした。私はヘタレの代表選手でしたから。それがいまは仕事も好調で、営業職の世界大会で成績優秀者として表彰されるまでに。「毎日ジムに通って、大会に出て、週末にはセミナーも開催して、本業の仕事はおろそかにならないのか」と思われるかもしれませんが、まったく逆です。

トレーニングで培ったメンタルを仕事にフィードバックするという、相乗効果が生まれています。

筋トレを始めてから、すべてが好転し始めたのです。

人生のすべての悩みは筋トレで解決する!

このように、**安井式のメリットは見た目が変わるだけでなく、体の不調が消えて、メンタルも鍛えられるところにあります**。

「人生のすべての悩みは筋トレで解決する!」。といっても決して過言ではありません。

「誰よりも大食いで、意志が弱くて、体を動かすことが好きではなかった」私が、まがりなりにも世界に通用するボディを手に入れることができたのは、このダイエットに巡り合ったからです。

そして**トレーニングを始めたことで、ほとんどの悩みが消えて、自分では想像もできなかったほどに、人生が好転した**のです！

この喜びを、ひとりでも多くのみなさんに伝えたい気持ちでいっぱいです。

ではさっそく、次の章から「安井式メソッド」の秘訣を紹介していきましょう！

第2章

食いしん坊に朗報！
お腹が空く暇がない！

安井式「食べまくりダイエット」10の超基本

現代人にぴったりの「食欲と闘わなくていい」ダイエット

日々忙しくしている現代人には、疲労やストレスに加え、飲み会や会食などの誘惑がたくさんあります。

どんなに「やせたい！」「カッコよくなりたい！」「キレイになりたい！」と思っても、ストイックに食事を減らしたり、ジムで黙々と筋トレしたりという生活はなかなか続きません。

また、本書を読んでくださっている人の中には、私と同じように過去に何度もダイエットに挫折された人も少なくないと思います。

なぜダイエットに失敗してしまうのか――。

その大きな原因のひとつは**「食欲がガマンできない」**ことにあると思います。

食欲を無理やり抑え込むダイエットは、よほど強靱な意志の人でない限り、続かないものです。

ましてや大食いで意志の弱い私には、はじめから無理な話でした。

そこで考えたのが、**満足いくまで食べて、食欲と闘うことなく無理なくやせることができる「食べまくりダイエット」**です。

59ページでも述べましたが、**ほどよく筋肉のついたカッコいいボディを手に入れたいなら、むしろ食べなければダメ**だということがわかったのです！

もちろん、ただたんに食べまくればいいというものではありません。

やせるためには**「鉄則」**があるのです。

「3つの鉄則」を守って、食べまくってやせる！

安井式は**「働きながら理想の体になる」**ことがテーマ。

どんなに忙しくても、ジムに行く時間がなくても、ストレスがたまっても、「安井式」の核となる鉄則を心に留めておけば、ブレることはありません。

やせるための「鉄則」は、次の3つです。

①体の「飢餓状態」をつくらない
②食べたものを、すぐに吸収させない
③食べすぎたら、48時間以内にリカバリーする

この鉄則を守りつつ、「食べまくってやせる」のです。

そのためにはどうすればいいか？

何度も失敗と挫折（&リバウンド）を繰り返した結果、見出したのが次の**「10の超基本メソッド」**です。

このルールにしたがって食べれば、それだけでみるみるやせて引き締まっていきます。

さあ、みなさん、この食事法で食べて、食べて、食べまくってやせましょう！

※ただし、持病のある方は医師に相談のうえ、行ってください。

「食べまくりダイエット」の
超基本①

オフィスでも出先でも、食事は1日6食を目指す！　理想は「4食＋おやつ2回」

「1日の食事をできるだけ細かく分けて食べる」

これこそが安井式「食べまくりダイエット」の基本中の基本、ゴールデンルール。

体が飢餓状態になるのを極力避けるのです。

理想は1日6食。

4回はいわゆる通常の食事として食べ、2回はおやつ感覚で食事の間を埋める感じで食べます。

これだけで数キロやせる人がたくさんいます。

仕事や生活時間の関係で6回は難しいという人は、5回でも4回でも、可能な範囲で小分けしてみてください。

「1日6食はちょっと無理……」という人、難しく考えなくても大丈夫です。みなさん、3食以外にもお茶を飲んだり、おやつを食べたりしますよね。それを「1食」と考えればいいのです。

1日に4〜6回も食べると、1日中、お腹が空く暇がありません。

ダイエットをしている気がしないから、空腹のストレスが軽減されるのです。

ではなぜ、1日6食がいいのでしょうか？

食事を小分けするのは、大きく分けて次の3つの理由があります。

①血糖値を急上昇させない（脂肪の蓄積を抑える）

まず最初に、血糖値の急上昇を極力避けること。

食事と食事の間隔が長いと、その分、空腹になります。すると飢餓感が強くなって、次の食事はドカ食いしてしまうことになりかねません。

また、お腹が空き切った状態で食事をすると、血糖値がいっきに上がり、その血糖値を抑えるためにインスリンがたくさん分泌されます。

インスリンは血中の糖を細胞に取り込む働きをするのですが、エネルギーとして使われず細胞に取り込まれた糖は、脂肪として貯えられてしまいます。

ダイエットのためには、血糖値の急上昇は絶対にNG。

やせたいなら**「血糖値を急上昇させない食べ方」**をするのがコツです。

②栄養をしっかり吸収させる

食事を小分けにする2つめの理由は、体に栄養素をしっかり行き渡らせることにあります。

人間の体は、一度にたくさん食べてしまうと、栄養を全部吸収できません。タンパク質やビタミンなど、一度に処理できる量には限界があります。

せっかくの栄養を効率的に吸収させるためには、絶対に小分けして食べたほうがいいのです。

③筋肉の分解を防ぐ

3つめは、筋肉が減るのを防ぐこと。

人間は空腹になり、エネルギーが不足すると、筋肉を分解してエネルギーに変えます。

せっかくトレーニングして筋肉をつけても、分解されてしまったらもったいない！

筋肉を減らさないためにも、常に少しずつエネルギーが補給されている状態が望ましいのです。

※糖尿病など基礎疾患のある人は、医師と相談のうえ、行ってください。

「食べまくりダイエット」の超基本②

あなたの活動強度、年齢、性別は？ 1日のカロリーをざっくり把握しよう！

カロリーのとりすぎを防ぐためには、そもそも1日で摂取する量を把握しておく必要があります。

1日の目安となる摂取カロリーは、性別や1日の活動量によって違うので、次ページの表を参考に、大まかな目安をつくってみてください。

推定エネルギー必要量（kcal/日）

性別	男性			女性		
身体活動レベル[1]	I	II	III	I	II	III
0〜5（月）	—	550	—	—	500	—
6〜8（月）	—	650	—	—	600	—
9〜11（月）	—	700	—	—	650	—
1〜2（歳）	—	950	—	—	900	—
3〜5（歳）	—	1,300	—	—	1,250	—
6〜7（歳）	1,350	1,550	1,750	1,250	1,450	1,650
8〜9（歳）	1,600	1,850	2,100	1,500	1,700	1,900
10〜11（歳）	1,950	2,250	2,500	1,850	2,100	2,350
12〜14（歳）	2,300	2,600	2,900	2,150	2,400	2,700
15〜17（歳）	2,500	2,800	3,150	2,050	2,300	2,550
18〜29（歳）	2,300	2,650	3,050	1,700	2,000	2,300
30〜49（歳）	2,300	2,700	3,050	1,750	2,050	2,350
50〜64（歳）	2,200	2,600	2,950	1,650	1,950	2,250
65〜74（歳）	2,050	2,400	2,750	1,550	1,850	2,100
75以上（歳）[2]	1,800	2,100	—	1,400	1,650	—
妊婦（付加量）[3] 初期				+50	+50	+50
中期				+250	+250	+250
後期				+450	+450	+450
授乳婦（付加量）				+350	+350	+350

1　身体活動レベルは、低い、ふつう、高いの3つのレベルとして、それぞれI、II、IIIで示した。
2　レベルIIは自立している者、レベルIは自宅にいてほとんど外出しない者に相当する。レベルIは高齢者施設で自立に近い状態で過ごしている者にも適用できる値である。
3　妊婦個々の体格や妊娠中の体重増加量及び胎児の発育状況の評価を行うことが必要である。
注1：活用に当たっては、食事摂取状況のアセスメント、体重及び BMI の把握を行い、エネルギーの過不足は、体重の変化又は BMI を用いて評価すること。
注2：身体活動レベルIの場合、少ないエネルギー消費量に見合った少ないエネルギー摂取量を維持することになるため、健康の保持・増進の観点からは、身体活動量を増加させる必要がある。
（出所：日本人の食事摂取基準（2020年版）厚生労働省HP）

あまり細かい計算をする必要はなく、**「ざっくり」であることが継続するコツ**です。

私の場合は、仕事は基本的に外回り、毎日ジムにも行くので、「身体活動レベルⅢ（高い）」にあたりますが、減量時には表よりも少なめの「1日2000キロカロリー」を目安にしています。

この2000キロカロリーを1日6回に割り振るのです。

たとえば食事として4回（1回約400キロカロリー）、おやつとして2回（1回約200キロカロリー）など、ざっくりと割り振ります。

次のような感じです。

食事4回×400キロカロリー＝1600キロカロリー
おやつ2回×200キロカロリー＝400キロカロリー

↓

あわせて2000キロカロリー

内勤が多い日や運動しない日は、生活活動強度の「Ⅰ（低い）」または「Ⅱ（やや低い）」を1日の総カロリーの目安にします。

大まかなカロリーは、次ページの図のように「よく食べるもの」をざっくり覚えておけば、計算はさほど面倒ではありません。

低カロリーで食物繊維豊富な葉野菜やきのこ、海藻類などは、計算する必要はありません。カロリーを気にせずたっぷり食べてください。

その際、ドレッシングの材料を吟味し、オリーブオイルやアマニ油、ＭＣＴオイル（105ページ参照）などの良質の油も一緒にとりましょう。

カロリー計算というと最初はちょっと面倒に感じるかもしれませんが、慣れてくるとだいたいどれくらいの量を食べたらいいかがわかってきます。

カロリーの目安

牛赤身肉
（100g程度）

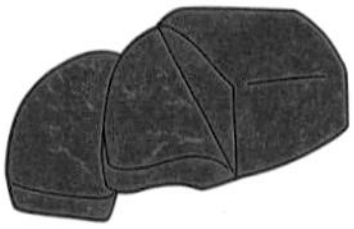

アジ、マグロの刺身
（5切れ）

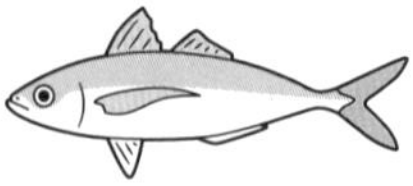

約100〜150kcal

おにぎり
（1個）

玄米
（茶碗軽く1杯）

約170〜200kcal

バナナ
（1本）

ゆで卵1個
（約60g）

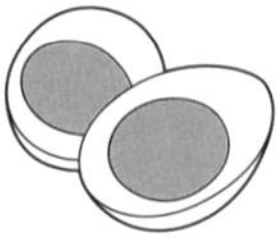

約80〜90kcal

オイル類
（大さじ1杯）

約100kcal

「食べまくりダイエット」の超基本③

集中力を切らし、ストレスの原因となる「糖質カット」は、絶対しない！

安井式「食べまくりダイエット」では、炭水化物（糖質）をほぼ毎食とります（短期間にやせたいときは、夕食だけ炭水化物を抜く場合もあります）。

ちまたでは糖質制限が大流行ですが、**安井式では糖質カットは絶対にしません**。

糖質は人体にとって最大のエネルギー源

糖質は体にとって最大のエネルギー源です。また、脂質とともに働いて「細胞膜」をつくるなど、体内で重要な働きをしています。

さらに後述するように、糖質はタンパク質の吸収を高めてくれます。

だから私たちアスリートは、**タンパク質を単体でとらずに、必ず糖質とセットにして**

とります。

糖質をまったくとらないと、代謝も落ちてきます。**代謝にはタンパク質、糖質、脂質の3大栄養素が欠かせない**のです。

筋肉の維持にも、糖質は必要です。前述のように、糖質が足りないと、体は筋肉を分解してエネルギーに変えてしまうからです。

糖質制限は体に大きな負担を与えるだけでなく、やめたときのリバウンドを考えると、リスクが高いのです。

私は全国でセミナーを開催していますが、

「糖質制限で体調を崩した」

「リバウンドしてしまい、かえって太った」

という人の話を、とてもよく耳にします。

また、これは私の個人的な考えかもしれませんが、**糖質制限をすると、食事が楽しくなくなります**。

私はもともと、甘いものや炭水化物が大好き。ご飯もパスタもパンも一切食べないなんて、ストレスがたまってしまいます！

さらに、糖質を減らしすぎると脳の働きが鈍くなってしまい、仕事のパフォーマンスも下がりかねません。

でも、**糖質の困るところは、血糖値を上げてしまい、食べたものが脂肪に変わりやすいこと。**

だからこそ、大切になるのは**「選び方」と「食べ方」**です。

つまり、**糖質には「太らない食べ方」がある**のです。

上手な糖質のとり方は、次の超基本④「スローカロリー習慣」を参照してください。

糖質を賢くとって、心も体も健康的にダイエットしましょう！

炭水化物と糖質はどう違う？

私のダイエットセミナーを訪れた人からよく「炭水化物と糖質はどう違うのですか？」と聞かれることがあります。

白米やパスタ、パンなどの炭水化物には、糖質だけでなく食物繊維も含まれます。つまり、

糖質＋食物繊維＝炭水化物

となります。

同じ糖質をとるなら、食物繊維の豊富な玄米や雑穀、全粒粉のパン、サツマイモなどがおすすめです。

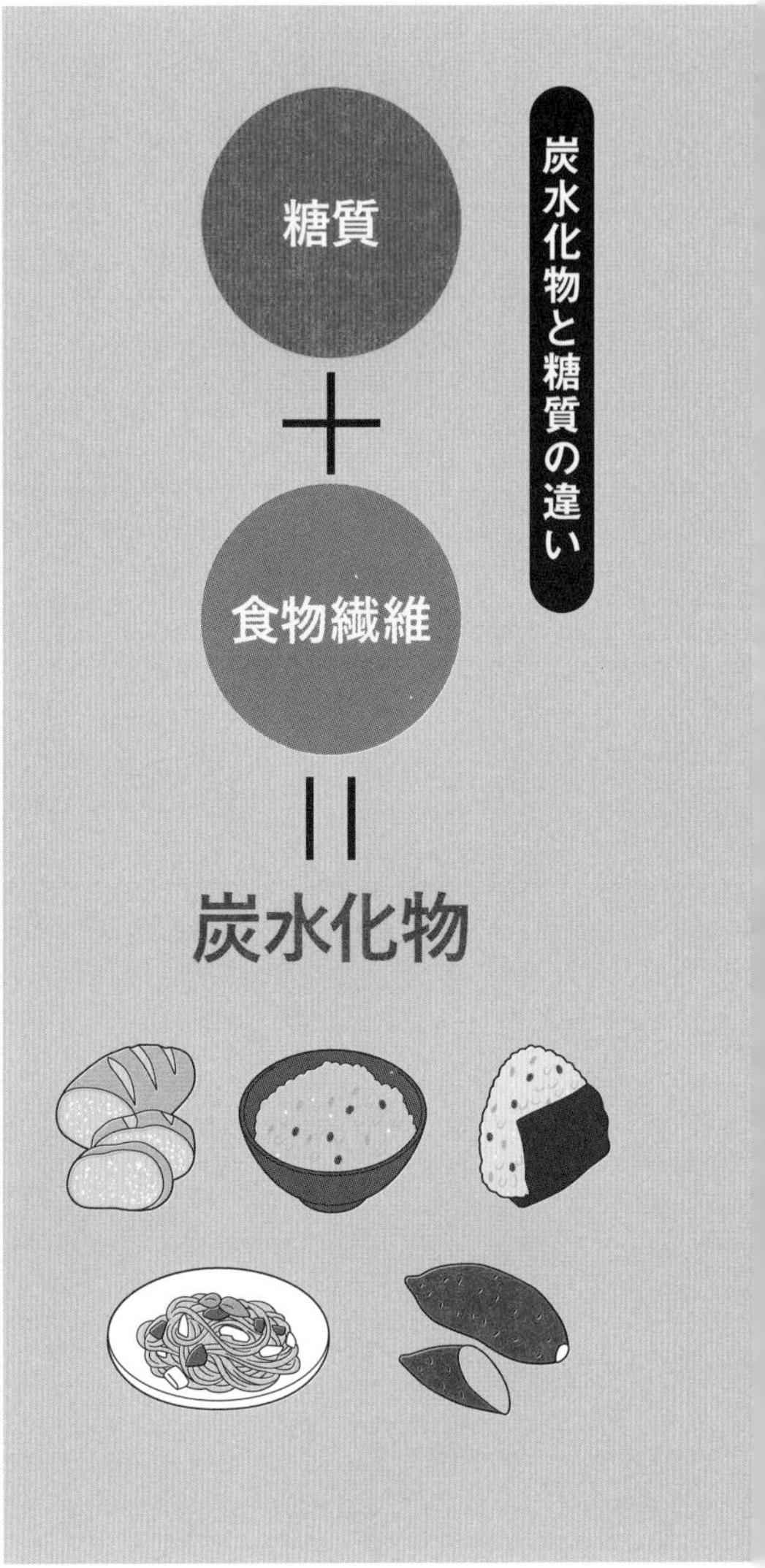
炭水化物と糖質の違い
糖質
＋
食物繊維
＝
炭水化物

「食べまくりダイエット」の超基本④

糖はゆっくり吸収させ、食欲暴走を抑制！「スローカロリー習慣」を身につける

「超基本①」で述べたように、血糖値を急上昇させないことは、安井式ダイエットにおいて非常に重要なポイント。

血糖値を上げるのは「糖質」です。

血糖値が急上昇するとインスリンがたくさん出て、がんばって血糖を取り込みますから、結果として血糖値が急下降してしまいます。

すると、空腹ではないのにお腹が空いたと感じたり、やたら甘いものが食べたくなったりもします。ですから、**なるべく血糖値が上がりにくい食事をしたほうがダイエットにはいい**のです。

血糖値を飛行機にたとえれば、なるべくゆっくり上がって「低空飛行」がベスト。

「血糖値を急上昇させない」ためには、「食べる順番」にコツがあります。

①**野菜、海藻、きのこ類など**
②**タンパク質中心のメインのおかず**
③**ご飯やパン、麺などの炭水化物**

このように、糖質を最後に食べるように心がけます。

そして、よく噛んで食べること。咀嚼回数が多いほど結果的に血糖値が下がるからです。

名付けて**「スローカロリー習慣」**！

私はこの食べ方をシーズンのオン／オフにかかわらず365日、守っています。

また**「スローカロリー」にすると吸収の速度がゆっくりになる**ので、食欲を抑えることができて、ドカ食いを避けられるのです。

健康のためにもダイエットのためにも、ぜひ「スロカロ習慣」を身につけてください。

最初に食べたい！
「食物繊維」を多く含む食品

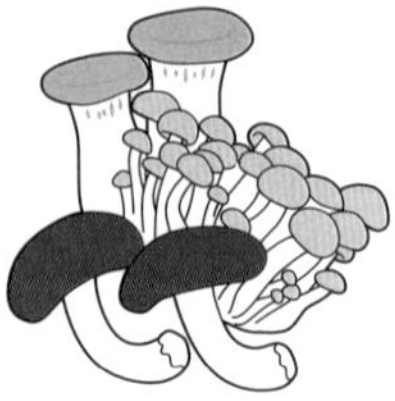

きのこ

海藻

ブロッコリー

納豆

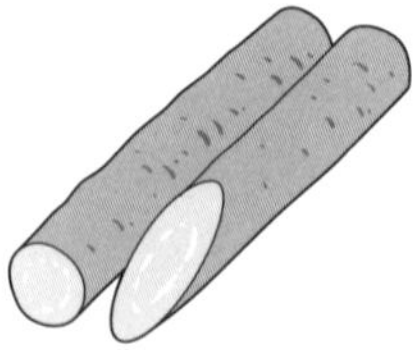

ごぼう

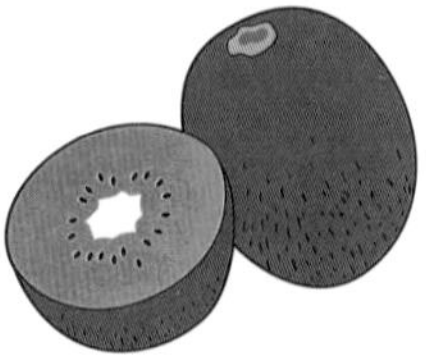

キウイフルーツ

「食べまくりダイエット」の
超基本⑤

週1回は思い切り食欲を解放！「チートDAY」を設ける

「大好きなものをお腹いっぱい食べたい！」

その気持ちは、みな同じですよね。食いしん坊の私にはとてもよくわかります。

1日中、体のためになる栄養を取り込む「安井式ダイエット」は、「食べまくってやせて、代謝もアップする」と、いいことずくめではあるけれど、制約はあります。

だから、週末や休日前など、**週に1日だけ、ハメを外してしまいましょう！**

私は「明日はこれを思い切り食べたい」とか「来週はこのお店に行こう」とあらかじめ決めておいて、万全の態勢でその日にのぞみます！

食欲を解放してあげることで、日々のストレスも解消されるのです。

そして**必ず48時間以内に野菜ジュースなどでリカバリー**します（「特別付録2」参照）。

おはぎはアスリートの味方!

『マツコの知らない世界』に「おはぎマニア」として出演

私は自他ともに認める、おはぎ好きの「おはぎマニア」。

１年で１０００個以上のおはぎを食べ、オフシーズンは全国を食べ歩きます。

おはぎ好きを公言していたら、なんとＴＢＳの人気番組『マツコの知らない世界』からオファーがあり、「おはぎ好き女子」として出演することに。

放送後、全国でおはぎが爆発的に売れまくり、ちょっとしたおはぎブームが起こったほどでした。

マツコさんにも「おはぎ好きで、そのボディを維持できるの?」と聞かれたのですが、じつは**「おはぎは最強の栄養食、ヘルシーフード」**なのです。

おはぎのもち米はエネルギーになりやすいため、疲労回復効果が高く、あんこの小豆はカリウム、食物繊維が豊富。カリウムはむくみ防止に役立ち、食物繊維には整腸作用があります。また、ポリフェノールの一種であるアントシアニンも多く含んでいて、アンチエイジング・美肌効果もあるのです！

さらに**「もち米＋小豆」の組み合わせで糖の吸収がアップし、即エネルギーに変わる**作用があります。ラグビー日本代表の選手たちも、ワールドカップの試合前のマッチミールとして、おはぎをリクエストしたそうです。

おはぎは、持続力が必要な試合前のエネルギーチャージ、「カーボローディング食」として、アスリートたちの間でも多く採用されているのです。

安井式「太りにくいおはぎの食べ方」

とはいえ、おはぎは糖分が多くカロリーも高いので、普通に食べたら太ってしまいます。そこで私流の「太らないおはぎの食べ方」を紹介します！

①トレーニングや運動前に食べる！
負荷の高いトレーニングの前や持続力が欲しいとき、おはぎが効果的。
②トレーニングや運動後の栄養補給に！
疲労回復、筋肉修復に役立ってくれます。
③タンパク質と食物繊維の豊富な食事をしたあとで食べる！
最も大事なポイント！　最初にタンパク質をとっておけば、糖質は筋肉の維持に使われ、食物繊維が血糖値の急上昇を抑えます。

このように、1年を通して楽しくおいしく、おはぎ生活を楽しんでいます！　でももちろん、食べすぎには注意してくださいね。

●安井友梨おはぎインスタグラム「おはぎマニア女子日記」
https://www.instagram.com/ohagimania/

「食べまくりダイエット」の
超基本⑥

オフィスで小腹が空いたら栄養補給！「1日2回のおやつ」を欠かさない

安井式食事法では、ダイエット中でもおやつは欠かせません。

私の場合、1日6食のうち、4食は食事、2食はおやつという位置づけにしています。「ちょっと小腹が空いたな」と感じたら、即座にデスクの引き出しを開けて、ストックしているおやつか、持参のおやつを取り出します。

こまめにおやつをとることは、「心の栄養」にもつながります。適度におやつを食べることで、ストレスフリーにダイエットを続けることができるのです。

でも、「ただ空腹を満たすだけ」といった食べ方ではもったいない！

私のおやつは、ナッツ、野菜、肉などを取り入れた、栄養価が高くて満足感が得られるものばかり。

「安井式おやつルール」で食べれば、**おやつも「最強のダイエットフード」になります！**

おやつの具体的な例は、第3章の「実践編」で紹介します。

「食べまくりダイエット」の超基本⑦

「最強の朝ごはん」で、1日中代謝アップ&やる気をオン!

1日のスタートである朝ごはん。

私は、朝ごはんを毎日しっかりいただきます。**栄養価の高いものを厳選し、質にも量にもこだわっています**。

なぜなら、その日の最初の食事に何を食べるかで1日が決まる、といっても過言ではないからです。仕事のパフォーマンスにも大きく影響します。

そして、**太りにくい体づくりのためには、朝ごはんでいかにバランスよく完璧な食事をするかが大切**です。朝ごはんには、

●タンパク質
●炭水化物
●ビタミン
●ミネラル

などをバランスよくしっかりとっていただきたいです。

とくに、**タンパク質は必ず摂取**しましょう。食べないと体温が下がり代謝が落ちるだけでなく、筋肉が分解されてしまいます。

時間がないからといって朝ごはんを食べないという人、トーストとコーヒーだけという人、おにぎりだけ、シリアルだけ、スムージーだけ、ヨーグルトだけという人、全力で「もったいない」と叫びたいです！

次に紹介するのは、**私のこだわりの朝ごはんの一例**です。

●オムレツ
●雑穀ごはん

●「究極のむくみ取りジュース」、または「デトックス！ ブロッコリースープ」（「特別付録2」参照）
●ちりめんじゃこ
●キムチ
●MRP（117ページ参照）

オムレツは電子レンジでつくり、雑穀ごはんはレトルトを活用すれば、調理といえるほどのものは何もなく、手軽に「最強の朝ごはん」が準備できます。

時間がないときはMRPだけという日もあります。


そして、私の朝ごはんに欠かせない野菜がブロッコリー！

ブロッコリーはコレステロール値を下げ、脂肪の燃焼を高めるほか、タンパク質の代謝を促し、筋肉アップの妨げになる「エストロゲン」の働きを抑制するなど、トレーニーには欠かせないスーパーフードです。整腸作用もあるので、便秘やむくみ改善にも役立ちます。

そしてカロリーは低いのにタンパク質含有量は100グラム中3〜4グラムと、野菜の中でもトップクラス。**アスリートはみな、「ブロッコリー信者」**といっても過言ではありません。

苦手な人は、フルーツを加えてジュースにするのがおすすめです。

「食べまくりダイエット」の超基本⑧

良質なタンパク質を食べまくって、ハードワークに耐える持続力の高い体に！

やせてカッコいい体をつくるためになくてはならない成分が、タンパク質です。

タンパク質は「筋肉の材料」です。

タンパク源としては、肉、魚、大豆、卵・乳製品などがあります。

どれも偏りがないように、**毎日いろいろな種類のタンパク質を摂取するのがバランスのいい体づくりのコツ**です。

では、一般的にはどんな食材がいいのかといえば、**ダイエットにはやはり鶏肉がおすすめ**です。それも脂肪の少ない**「むね肉」**。皮をはいで、いただきます。

鶏もも肉もおいしいのですが、脂肪が多いのが難点。

「ささみ」もいいのですが、タンパク質を効率的にとるには、「むね肉」がおすすめです。鶏のむね肉には疲労回復成分「イミダゾールペプチド」が多く含まれ、**トレーニングのダメージを手軽に回復するのには最適**です。

牛肉も脂肪の少ない赤身ならOK。豚肉は脂質が多いので、脂質の少ないヒレ肉をチョイスします。

そして、卵はすばらしくバランスのいいタンパク源です。

1個で約6グラムのタンパク質がとれるうえ、人間に必要な栄養素をほぼすべて含む完全栄養食品です。

私の場合はゆで卵をおやつにも食べます。オンのときは常に持ち歩いていて、1日5〜10個のゆで卵を食べるようにしています。

※ただし、腎臓疾患や肝硬変などの肝疾患などのある人はお控えください。

低脂肪・高タンパク質の食材例

安井式おすすめタンパク質食材

馬肉

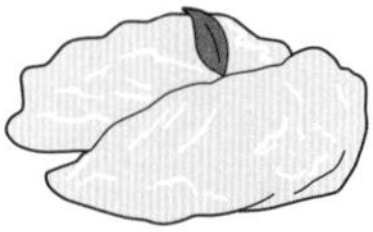

鶏むね肉

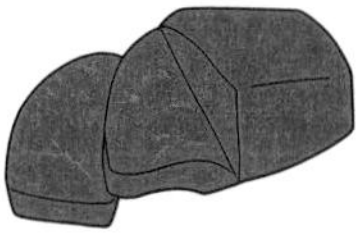

牛赤身肉

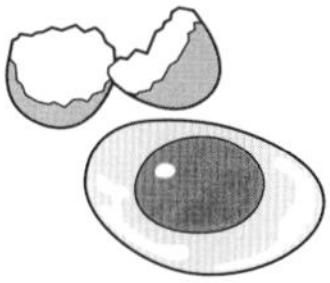

卵

マグロの赤身・カツオ

MRP（P117参照）

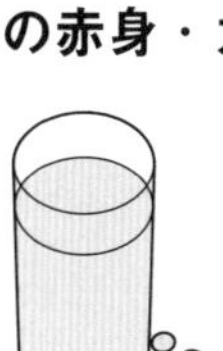

豆乳

高タンパクヨーグルト

「食べまくりダイエット」の超基本⑨

良質な油をとって、燃焼系ボディに！ツヤ・ハリのある筋肉にも！

過剰な脂質（油）の摂取は控えたいもの。

でも脂質は体に必要な栄養素ですから、すべてカットすればいいわけではありません。

そこで大事なのは選び方。**「いい油をとる」**ことが大切なのです。

油には**「飽和脂肪酸」**と**「不飽和脂肪酸」**があります。

「飽和脂肪酸」は、バターやショートニング、肉の脂身など。

「不飽和脂肪酸」は、植物からとれる油や魚の脂など。こちらは「オメガ3」「オメガ6」「オメガ9」という種類があります。

このうち、ダイエットに効果があり、なおかつ体に不足しがちな油は、**「オメガ3脂肪酸」**。

DHA（ドコサヘキサエン酸）や、**EPA（エイコサペンタエン酸）**などの魚の脂、

えごま油、アマニ油などです。

これらは代謝をアップし、脂肪燃焼効果をもたらしてくれます。

ほかにも悪玉コレステロールを減少させ、血流改善により体温を高める作用もあるなど、いいことずくめの油です。

また飽和脂肪酸のうち、中鎖脂肪酸は素早くエネルギーに変わりやすく、脂肪になりづらいのでダイエットにはおすすめです。

私はココナッツオイルから中鎖脂肪酸だけを抽出した**「MCTオイル」**を愛用しています。

●ダイエットを助ける良質の脂質例

・アマニ油、えごま油、MCTオイル、オリーブオイル
・くるみなどのナッツオイル
・青魚（イワシ、アジ、サバなど）

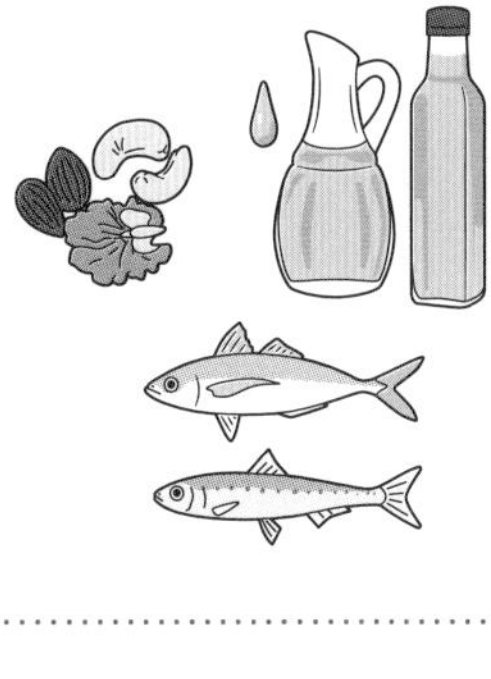

魚は断然、生がおすすめ！

肉は脂質に注意をしなければなりませんが、前述のように魚の脂は「オメガ3脂肪酸」が豊富な良質の脂。ぜひ積極的に取り入れたいものです。

私がよく食べるのは**カツオ**、**マグロ**、**サーモン**など。そのまま醤油で、またはオリーブオイルやアマニ油をかけて、カルパッチョにしていただきます。

魚を効率よくとるには、やはり**生で食べること！**DHAやEPAは加熱調理することで流出してしまいます。また、刺身は低カロリーで、ダイエットにはぴったりなのです。

火を通す場合は、**蒸す、ゆでるなどの60度以下の低温調理がおすすめ**です。

「食べまくりダイエット」の
超基本⑩

引き締まった体は説得力が増す！むくみを取り、余計な水分を徹底的に抜く

「むくみ」は、血流が悪く、老廃物が排出しづらくなっている状態です。

ダイエットにも、筋肉をつけるにもマイナスでしかありません。むくみがあると、トレーニングをがんばっても、なかなか体を絞れません。

仕事でもむくんだ顔をしていたら、交渉事や営業、プレゼンの説得力も半減ですよね。接客業ではなおさらです。

とくに女性の場合は、むくみに悩んでいる人は多いと思います。

私ももともとむくみやすい体質なので、次のような対策を講じています。

まずは、**塩分を控える**こと。

むくみの大きな原因は、塩分過多。塩分を多く取り込むと、体は水分をため込んで、

塩分濃度を下げようとするのです。

とくに外食は塩分が多いので、注意します。

なかでも和食の場合は気をつけていないと、どうしても塩分をとりすぎてしまいます。

あとは、なるべく**ソースや醤油などの調味料を控える**こと。

また同じ塩でも、ほぼ塩化ナトリウムだけの**精製塩よりも、自然のミネラルを含む岩塩や「ぬちまーす」などの海塩がおすすめ**です。

私も常にお気に入りの岩塩を持ち歩いていて、外食やお弁当に使っています。

そしてもうひとつ、水をたっぷり飲みます。

「むくんでいるときにお水を飲んだら、ますますむくむのでは？」

と思われるかもしれませんが、そうではありません。

むくんでいるときこそ塩分の排出を促すため、水をたくさん飲んだほうがいいのです。

※ただし、心疾患、腎疾患、肝硬変などの肝疾患のある人は注意が必要です。

「むくみを取って代謝が上がる」水の飲み方

●温度は常温～ぬるま湯で！

冷たいと体が冷えて代謝が下がってしまいます。

●ミネラルの多い硬水を飲む

同じ飲むならミネラル補給のできる硬水がおすすめ！

●こまめに飲む

水はいっきに大量に飲んでも吸収されません。こまめに飲みましょう。

〈起　床　時〉胃腸を刺激してお通じを促します。

〈食　　前〉食べすぎ防止につながります。

〈入浴前後〉発汗を促したり、発汗によって失われた水分を補給します。

〈就　寝　前〉寝ている間に失われる水分をあらかじめ補給してもＯＫ。

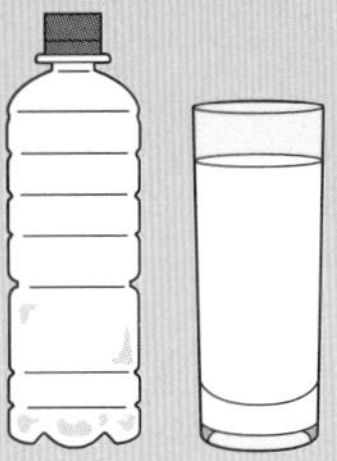

第3章

出先でもオフィスでも気軽にできる！
安井式「食べまくりダイエット」〈実践編〉

「働きながら成功する10のコツ」をわかりやすくお伝えします！

この章では、安井式「食べまくりダイエット」の要である**「1日6食」の実践方法**を紹介します。

外回りが多い営業職の私が実際に実践している、外出先やオフィスでも簡単にできる方法なので、ぜひ試してみてください。

もちろん詳細な食事の内容や時間などは、これにぴったり合わせる必要はありません。6食が難しい場合は5食、4食でもOKです。できるだけ小分けにすることが「食べまくりダイエット」の目的なので、**無理のない範囲で、みなさんのライフスタイルに合わせて、やりやすい方法を見つけていただければ大丈夫**です。

1日6食の食事時間の目安は？

では、「1日6食」をいつ、どのように食べるのがベストでしょうか？

私の場合は、次のような時間に1日6回食べています。

（　）内はよく食べるものの一例です。日によって若干変動はありますが、私の場合はこれくらいの時間を目安に1日6食をキープしています。

〈1食目・朝食〉
7時ごろ（オムレツ＋野菜ジュースまたはMRPなど）

〈2食目・おやつ①〉
9時ごろ（ゆで卵、雑穀おにぎり、フルーツなど）※会社に着いてからすぐ

〈3食目・ランチ〉
12時ごろ（サラダ＋肉類や魚類＋雑穀おにぎりなど）

〈4食目・おやつ②〉
15時ごろ（ナッツ、ヨーグルト、雑穀おにぎりなど）

〈5食目・軽食〉
18時ごろ（ゆで卵、コーヒー、緑茶など）※トレーニング前

〈6食目・夕食〉
21〜22時ごろ（大皿サラダ＋刺身＋雑穀米など）※ジムでトレーニングを終え、帰宅後

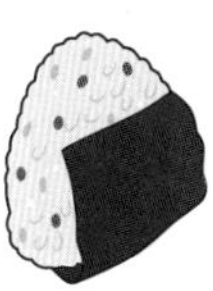

必ずしもこれがお手本ではなく、みなさんのライフスタイルに合わせて、**そのときの状況に合わせた時間で行っていただければＯＫ**です。

私も仕事で昼一で出かけるときは、15時ごろに遅めのランチをとることもあります。

５食目は仕事の状況によりますが、私の場合、退勤時（ジムに行く前）が多いです。食事せずにそのままジムに直行し、トレーニングの直後にＭＲＰをとることもあります。

ただし、**血糖値を上げすぎないよう、食事と食事の間は、少なくとも2～3時間は空けてください**。そうすれば、食欲の暴走を抑えられます。

以下、食べまくりダイエットを**「働きながら成功する10のコツ」**を紹介します。

このコツさえつかめば、小分け食が自然と毎日の習慣になっていき、理想の体に近づくことができますよ！

働きながら成功する
コツ❶

素早く体温を上げ、仕事のパフォーマンスを向上させるタンパク質を朝に必ずとる

1食目
7：00ごろ

朝食

朝食は、その日の活動を左右する大切な食事。

98ページの「最強の朝ごはん」でも述べたように、私が1日のうち、タンパク質の摂取のタイミングでいちばん大切にしているのが「朝」です。

もう一度強調しますが、**朝こそタンパク質をしっかりとってください！**

寝ている間は「絶食状態」となり栄養が補給されないので、朝起きたとき体は枯渇状態に陥ってしまっています。

とくに睡眠中にはタンパク質が多く消費されるので、**筋肉のためにも、朝ごはんでタ**

ンパク質をしっかり補ってあげましょう。

筋肉が減ると基礎代謝が低下し、脂肪が燃えにくい体になってしまいます。

朝はコーヒーとトーストだけ、という人も多いかもしれませんが、高タンパク質の朝ごはんを食べて体温を上げることで代謝がアップし、「脂肪燃焼効果」が期待できます。

また、タンパク質は腹持ちがいいのが特長です。

次の食事で血糖値が急上昇することなく、1日の食欲を抑えることができるのです（セカンドミール効果）。毎食意識してとれば、ダイエットを加速できます。

量でいうと20〜30グラム。卵なら2〜3個、サケの切り身1切れ程度でOKです（腎機能障害や肝硬変など、基礎疾患のある人は主治医に相談し、指示にしたがってください）。

朝ごはんは毎日できるだけ決まった時間にとることが大事です。毎朝同じ時間に起き、食事をとることで体内時計が整い、太りにくい体になっていきます。

また、早起きすることでその日のＴｏＤｏを整理する余裕も生まれ、ダイエットにも仕事にも、よりよい効果が生まれるのです。

働きながら成功するコツ❷

「時間がない！」そんなときの救世主！野菜ジュースやMRPを活用

「朝ごはんを準備する時間がない」

「前日食べすぎ、飲みすぎてしまった！」

そんなときは、野菜ジュースと「ＭＲＰ」で手軽に栄養補給します。

ＭＲＰとは「Meal Replacement Powder」の略。

一見、プロテインのような粉末のサプリですが、脂質、タンパク質、糖質という3大栄養素に加え、ビタミン、ミネラルがバランスよく配合された、ダイエット&筋力アップを強力にサポートしてくれる食品です。

ですから栄養補助ではなく、**食事の代わりとして摂取することができます**。

バランスのいい朝ごはんのためには、ビタミン、ミネラル、食物繊維も必要です。これらの栄養素をタンパク質と一緒にとることで栄養成分の吸収率が高まり、筋肉の合成を促します。

でも、朝から野菜をゆでたり、サラダをつくったりするのは大変！

毎食栄養バランスのいい食事を用意することができればいいのですが、忙しい現代人、しかも仕事をしていればそれはなかなか難しいですよね。

とくに1日4～6食と小分けにする場合はなおさらです。

でも、**1日1～2食を野菜ジュースやMRPに置き換えれば、ダイエットがいっきにラクになります**。

運動をする人は運動後、運動をあまりしない人は朝ごはんにとるのがおすすめ。

私の場合は、朝食とトレーニングのあと、1日2回とることも多いです。

私はよくMRPにフルーツを加えたりして、パフェにしていただいています。

私の「オリジナル野菜ジュース」や「MRPパフェ」のつくり方は、巻末の「特別付録2」で紹介していますので、ぜひ試してみてくださいね！

朝食のコツ
まとめ

・朝のタンパク質は必須！
・ビタミン、ミネラルは野菜ジュースで手軽に摂取
・時間がないとき、食べすぎた翌日はMRPで置き換え！

安井友梨おすすめ野菜

野菜類に多く含まれる食物繊維には、血糖値の急激な上昇やコレステロールの吸収を抑える働きがあるので、肥満防止につながります。

私のおすすめ野菜は、次のようなものです。

・ブロッコリー……抗酸化作用が強く腸内環境を整える
・セロリ…………代謝を上げてむくみを解消する
・アスパラガス……筋肉疲労に効く
・赤パプリカ……抗酸化作用、ビタミン豊富
・キャベツ………ビタミン豊富、代謝アップ
　　　　　　　　食事のかさ増しに
・きのこ類………筋肉をつくるビタミンDが豊富
　　　　　　　　低カロリーで食物繊維やミネラルもたっぷり

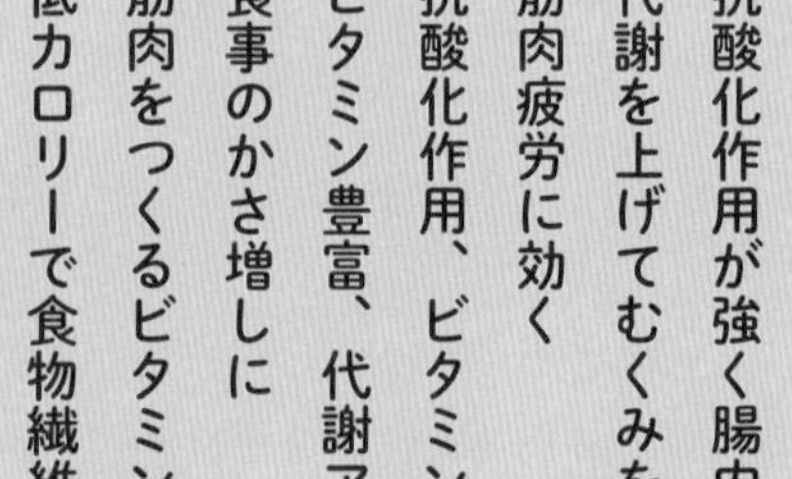

きのこ類の中でも、とくにおすすめなのは舞茸です。

舞茸だけに含まれるD-フラクションやX-フラクションは免疫力を上げ、血糖値の上昇を緩やかにし、脂肪の蓄積を防ぐ働きがあります。

ニンジンやかぼちゃなども栄養価が高いのですが、糖質が多め。とりすぎには注意しましょう。

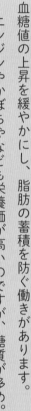

働きながら成功するコツ③

職場に着いたら、まずパクリ！炭水化物は明るいうちにとる！

2食目
9:00ごろ

おやつ①

4食目
15:00ごろ

おやつ②

私は毎日、**オフィスに着いたらすぐに、雑穀おにぎりやフルーツなどをパクリと食べます**。

これ、じつはとても理にかなった行動なのです。

まず、エネルギーに変わる糖を即座に補給することによって、頭がさえてやる気がみなぎってきます。

そして前述したように、**タンパク質を効率的に吸収するためには、炭水化物（糖質）とセットにすることがマスト**です。

BMAL1の1日の増減を表したグラフ（相対値）

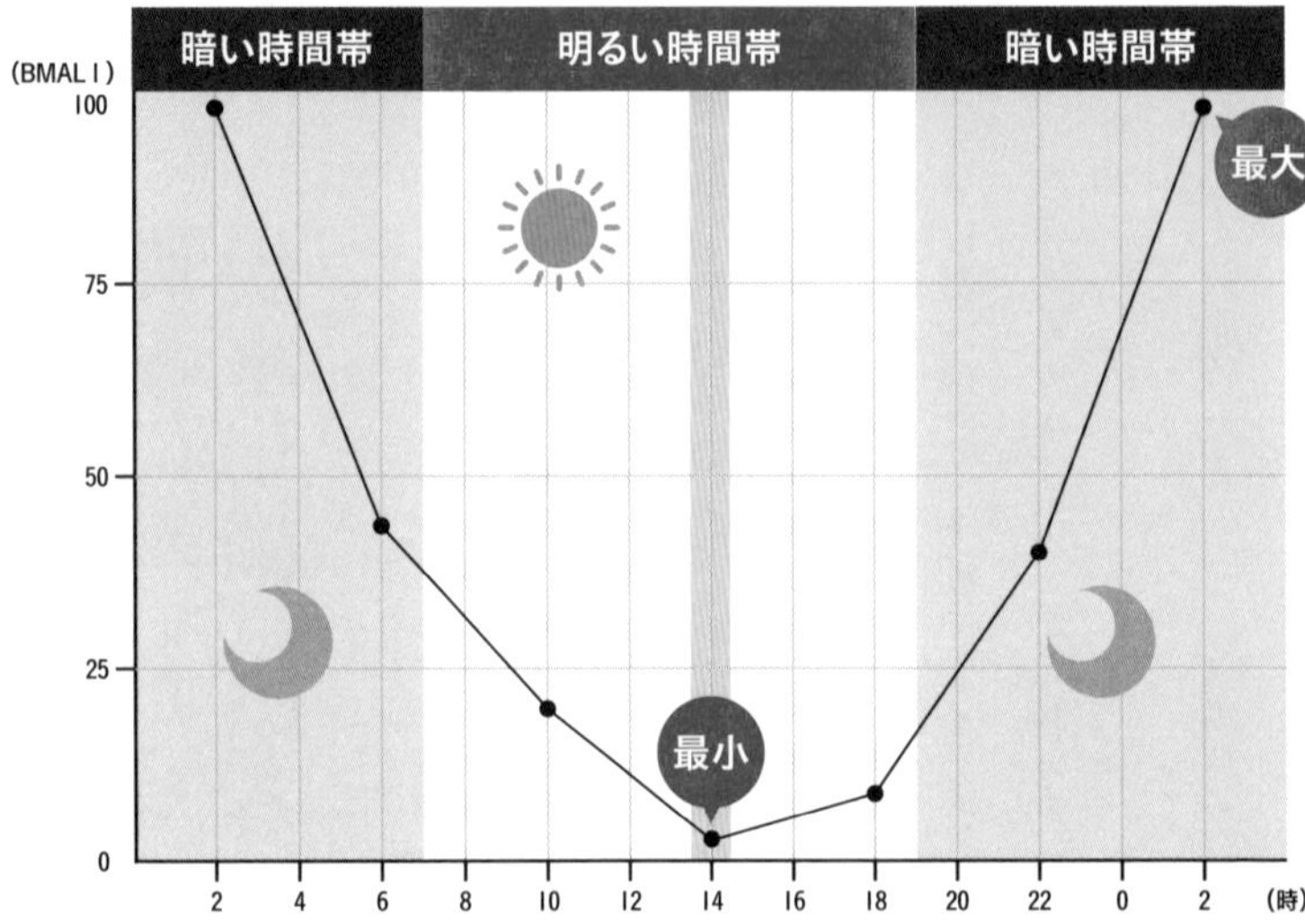

（出典）日本大学薬学部 榛葉繁紀教授

じつは朝ごはんや昼ごはんの炭水化物は、その時間帯から脂肪細胞になりづらいといわれています。

それは体の中にある「ＢＭＡＬ１（ビーマルワン）」という体内時計に関係する遺伝子からできるタンパク質によるもので、脂肪の分解を抑制する働きをします。

この遺伝子の発現量が１日の中で変動するのですが、この「ＢＭＡＬ１」が少ない、明るい時間帯ほど、食べたものが脂肪としてつきにくいのです。

ですから、**朝ごはんの「タンパク質＋炭水化物」は、ダイエット中の人に最適な取り合わせ**となります。

さらに、血糖値の上昇を緩やかに抑えるため、ＧＩ値（食後血糖値の上昇度を示す指数）の高くない雑穀ごはん、玄米、全粒粉パンなどを選べば完璧です（１３１ページ参照）。

働きながら成功する
コツ④

おやつや間食は「栄養補給」のタイミングと考え、満足感重視で選ぶ！

朝食をしっかりとって必要な栄養素で体を満たしたら、その栄養を切らさないように心がけましょう。

そのためには、おやつを上手にとることが大切です。

空腹の時間が長いと集中力が落ちるだけでなく、ドカ食いや筋肉が落ちてしまう原因になります。

おやつというと、スイーツを思い浮かべる人も多いと思いますが、甘いものだけとは限りません。食欲を満たすと同時に、体のための栄養素やタンパク質を補給する機会と考えましょう。

おすすめは**ナッツ**や**りんご**などのフルーツ、**ゆで卵**など、デスクや出先などでも食べやすく食べ応えのあるものを選びます。**しっかり噛んで食べることで、満腹感も得やすくなります**。

そしてもうひとつ、**おやつは「栄養補給」のチャンス**でもあります。タンパク質や良質の脂質が含まれているものもおすすめです。

私はサラダチキンなどの「肉系おやつ」や、サバスティックなどの「魚系おやつ」、ゆで卵をよく食べます。

働きながら成功するコツ❺

おやつは200キロカロリー以内に収める

おやつは、200キロカロリー程度に収めること。「200キロカロリーなんて足りない！」と思うかもしれませんが、そんなことはありません。

私のおやつは、一般的なおやつの概念にとらわれない**「自由なおやつ」**です。体に必要な栄養素を含むものをチョイスしていった結果、いまは次のようなものが定番になっています。

私のおやつ一覧を参考にしてください。

200キロカロリーでも結構しっかり食べられます！

「安井友梨の定番おやつ」200キロカロリーの目安は？

●くるみなどのナッツ類（ひとつかみ）

ビタミン、ミネラル、脂質など栄養が豊富。良質な脂質、オメガ3脂肪酸なども摂取できます。砂糖や塩分が添加されていないものを選

びましょう。

●**高タンパクヨーグルト、スキル**

ギリシャヨーグルトや、アイスランド生まれの乳製品「スキル」がお気に入り。スキルは1カップでタンパク質が10グラム以上、カロリーは100キロカロリー以下と優秀。

●**納豆（2パック）**

もともと大好物なので、おやつとしても食べます。たれを入れたりかきまぜたりせず、パックのものをスプーンなどでそのまま食べます。

●**小豆（100~150グラムくらい）**

砂糖を入れずにゆでたものを常備しています。

●りんご（1個）

私は皮ごと食べたいので、オーガニックのものを長野県から取り寄せています。皮ごと食べるのは、皮と実の間に栄養分が詰まっているからです。

●ゆで卵（2個）

前述のようにオンのときは5～10個を持ち歩いておやつに食べます。

●ローストビーフサラダ、サラダチキン、サラダフィッシュ

コンビニで調達します。カロリーは商品表示で確認を！

●MRP（メーカーによって違うので、カロリー表示を参照）

最強のおやつ。適度な甘みがあるので、自宅などにいるときはこれを使ったスイーツもつくります（レシピは229ページ参照）。

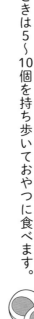

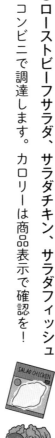

おやつのコツ
まとめ

- 朝～昼は、炭水化物のゴールデンタイム！
- 食べ応えがあるものを選ぶ
- おやつは「栄養補給」の機会と考える
- だいたい200キロカロリー程度に収める

働きながら
成功する
コツ❻

オフィスで大活躍！「ジップロック弁当」を上手に取り入れる

3食目
12：00ごろ

ランチ

私も平日は会社勤めですから、ランチタイムを何回もとるなんてできません。

ですから、タンパク質中心の食事として、ジップロックに入れた100グラムの馬肉ハンバーグ（1個につき100キロカロリー、つくり方は235ページ参照）を4個持参しています。

これらは箸もフォークもなしに、パクッと食べてしまえるので、ラクちんです。おにぎりも同じです。**食べるのにかかる時間はほんの数分**。

みなさん、席で仕事をしながらお茶を飲んだり、ちょっとお腹が空いたときにお菓子をつまんだりしますよね。それと同じ感覚で食べられます。

夏期など気温が高いときは、オフィスの冷蔵庫などに入れておいて、その都度取り出して食べてくださいね。

働きながら
成功する
コツ❼

炭水化物なら「低GI値」を選ぶ

私はもともと、大の炭水化物・穀物好き。好きが高じて「雑穀エキスパート」の資格を取ってしまったほどです。

でも、糖質をとりすぎると、すぐに太ってしまいますよね。

そこで、炭水化物をとるときは「低GI値」のものを選ぶようにしています。

GI値とは、食後の血糖値の上昇度を示す指標のことで、Glycemic Index（グライセミック・インデックス）の略。

おにぎりなどは、**GI値50以下の玄米や雑穀などがおすすめ**です。

「低GI値」の炭水化物は、次ページの表を参考にしてみてください。

炭水化物は「GI値の低いもの」を選ぶ

GI値	炭水化物
47	おかゆ（玄米）
49	ハトムギ（生）
50	もち麦
55	オートミール
56	玄米
57	おかゆ（精白米）
58	玄米（五分つき）
61	中華麺（生）
65	スパゲティ（ゆで）
68	クロワッサン
68	そうめん（乾麺）
71	マカロニ
75	コーンフレーク
75	ベーグル
77	赤飯
80	うどん（生）
84	精白米
85	餅
88	ビーフン
90	食パン
93	フランスパン

働きながら
成功する
コツ❽

味も種類も充実！　手軽なコンビニの「高タンパクフード」を活用する

ジップロック弁当をつくるのが難しい人は、**ゆで卵やチーズ、コンビニのおでんやサラダチキンやサラダフィッシュ、ツナやサバ缶**などでも代用できます。

サバ缶はオフィスなどでは食べづらいかもしれませんが、**サバ缶の汁にはEPAやDHAが溶け込んでいるので、もし可能なら汁ごと食べるのがおすすめ**です。

サラダチキンは1袋約100グラム前後でタンパク質は約20グラムなので、これを1食100グラムずつ、3回食べれば1日に必要なタンパク質を摂取できます。

あらかじめ切って小分けにしておいてもいいでしょう。

そのほか、コンビニで売られている食品にあるカロリーや栄養表示を参考にしてください。**コンビニにも高タンパク、低カロリーの食品は多い**ものです。最近はプロテインフードのコーナーなども充実しているので、自分に合ったフードを探してみてくださいね。

おやつとしてもおすすめ！　積極的に食べたい

コンビニで手に入る高タンパク質フード

- ●高タンパクヨーグルト（無脂肪タイプ）
- ●ゆで卵
- ●チーズ
- ●おでん
- ●枝豆
- ●サラダチキン
- ●サバ缶
- ●豆腐めん

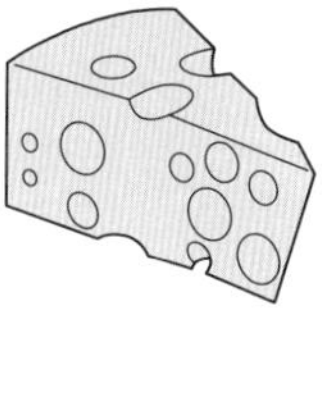

おすすめコンビニ食&おやつ例
——高タンパク質フードと合わせて

- サラダ
- カップスープ・みそ汁（野菜などの具だくさんのもの）
- 玄米おにぎり・雑穀おにぎり
- ナッツ類

ランチのコツ
まとめ

・忙しい人はジップロック弁当で時短ランチ
・炭水化物をとるときは「GI値の低いもの」を選ぶ
・「コンビニ」をフル活用する

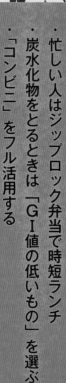

スーパーミート「馬肉」でサラブレッドのような美しい筋肉に！

ここで、私の「肉食事情」をちょっとお知らせします。

肉類は筋力アップのために、とにかくいろいろなものを試しています。「高タンパク、低カロリー、低脂肪」のものを探し求めて、馬、鹿、ダチョウ、ワニ、カンガルー、七面鳥など全国あらゆるところから取り寄せをしています。

なんといっても、現在のお気に入りは馬肉。毎日、必ずといっていいほど馬肉を食べています。

馬肉は、**高タンパク、低脂肪、低カロリー、高ミネラル**とダイエットにはいいことずくめ。

とくに**脂肪分は牛肉や豚肉に比べると、半分程度**です。

ミネラル成分も見逃せません。牛肉や豚肉の約3倍のカルシウムがあり、鉄分はほうれん草やひじきより多く、豚肉の約4倍、鶏むね肉のなんと10倍！

「脂質の質と量こそがダイエットのカギ」、つまり、**馬肉は最強**です！

馬肉ハンバーグ、馬刺し、馬肉ステーキ、馬肉ローストビーフ、馬肉ユッケといろいろ変化をつけて楽しみます。

私の憧れは馬のような美しい筋肉。

いろいろなところで「サラブレッドになりたい！」と公言している私は、携帯電話の待ち受け画面やブログの背景写真も馬の写真です。

馬肉は、ミンチ肉をハンバーグにして普段のお弁当にも遠征にも、どこにでも持ち歩いています。

ついにはいつも取り寄せをしている熊本の馬肉屋さんに無理を言って、「無添加で常温保存できる馬肉ハンバーグのレトルト」を開発してもらったほど。

普通のスーパーなどでは手に入りにくいレア・ミートも、最近は大型スーパーやインターネットでも手軽に手に入ります。

値段がちょっと高いのが難点ですが、「ここぞ」というときの筋肉増強に試してみてもいいかもしれませんよ。

安井友梨特製「馬肉バーグ弁当」

馬肉ハンバーグ（235ページ参照）に、雑穀米、ミニトマト、パクチー、パプリカ、ブロッコリー、生姜などを添えたヘルシー弁当

働きながら成功するコツ❾

トレーニング前はタンパク質とカフェインで効果アップを狙う!

5食目
18:00ごろ

軽食

トレーニングの1~2時間前には、ゆで卵などのタンパク質中心の軽食、30分前にはコーヒー、緑茶などのカフェインをとります。コーヒーや緑茶に含まれるカフェインには、自律神経の働きを高め、集中力を高める効果があるため、トレーニングのパフォーマンスが向上するといわれています。

また、「アデノシン」という疲労物質の作用をブロックする効果もあるといわれており、持続力を保つのにも効果的です。

さらに、皮下脂肪燃焼効果や利尿作用があるため、ダイエットには最適です。

ただし**砂糖やミルクが入っていると効果が薄れるので、コーヒーは必ずブラックで飲みましょう**。

働きながら成功するコツ⑩

夜は、生魚や肉を中心に「満足感」重視！レスキュー食も取り入れる

6食目

21:00ごろ

～

22:00ごろ

夕食

1日を終えたあとの夕食は、**サラダやゆでブロッコリーなどの野菜をたっぷり**、それに魚の刺身、馬肉（馬刺し、ユッケ、カルパッチョ）など、**生のタンパク質食材またはそれらをさっと炙ったもの**を食べます。ワンプレートに盛り付ければ、見た目もちょっ

と豪華なボリュームたっぷりの夕食になります。

さらに、それらを239ページで紹介するオリジナル**「超代謝アップ！サルサソースと一緒に食べることをおすすめします。**

もし、「お昼にお付き合いやビジネスランチで食べすぎてしまった！」というときには、**プロテインやMRPだけで済ませることもあります。**

ジムに行けなかった日、運動量が少なかった日も同様です。

軽食・夕食のコツ
まとめ

- トレーニング前のタンパク質とカフェインは必須！
- 1日の最後は見た目もお腹も満足するタンパク質とかさ増し野菜で。寝ている間も代謝アップ
- 1日のカロリーをオーバーしそうなときには、プロテインやMRPでレスキューする

第4章

たったこれだけやればいい！

「筋肉のビッグ3」を鍛える5つの基本トレーニング

「安井式超時短ゆる筋トレ」

はじめてでも簡単！　安井式「超時短ゆる筋トレ」

第2〜第3章では、筋肉を落とさず代謝を上げるための安井式食事法「食べまくりダイエット」を紹介しました。

第4〜第5章では、**家でもジム並みの効果が得られるトレーニング**を紹介します。

かつては女性も男性も「やせていればいい」という風潮がありました。

でもいまは、ただやせているだけのボディでは、世界的にも通用しません。

パリコレでもBMIの低すぎるモデルはショーに出られないなど、世界基準で意識が変わってきています。

ほどよく筋肉がつき、メリハリのある体こそが、現代の理想だと思います。

なにより、筋肉がついたメリハリボディは健康的でカッコいい！

どんな服を着ても決まるし、おしゃれも楽しくなります。

ただしそういう体をつくるためには、**食事だけではなく「筋トレ」を取り入れていく必要があります**。

「筋トレ」というと、「時間がない」「面倒だ」「運動は苦手」と思う人も多いですよね。とくに女性は「筋トレなんてハードルが高そう」と感じる人もいるのではないでしょうか。

でも、私が提案する「超時短ゆる筋トレ」は、**アスリートがやっているトレーニングを誰でも簡単にできるようにアレンジしたもの**。

しかも**自宅で短時間行うだけで、効果を感じられる**ものばかりです。

なぜなら**安井式は、「筋肉のビッグ3」を集中的に、効率的に鍛える**という、ごくシンプルな方法だから。

このメソッドを続ければ、短時間でも無理なくメリハリボディをつくり出すことができます。

そして、**リバウンドとは無縁の「一生ものの太りにくい体」を手に入れることができる**のです！

「安井式筋トレ」のメリットは、こんなにいっぱい！

筋肉をつけることでダイエット効果がアップし、男性も女性もカッコいい体が手に入ることはご理解いただけたと思います。

でもまだまだ、それ以外にもたくさんのメリットがあるのです。

次にあげるのは、ほんの一例です。

「安井式筋トレ」のメリット

- 筋肉量が増えることにより代謝がアップ、太りにくい体になる
- 「成長ホルモン（若返りホルモン）」が増加し、老化防止・アンチエイジングになる
- 筋肉が体全体にハリを与え、美肌になる（見た目が若返る）
- 血流やリンパの流れがよくなり、むくみ・便秘の解消に

- 免疫力が上がる
- 血管がしなやかになり、動脈硬化防止になる
- 睡眠の質が向上する
- ストレスが解消され、ポジティブになれる
- メンタルが強くなる
- 24時間代謝が上がる！

いかがでしょう？
こんなにいいことずくめなら、もう「筋トレ」をやらない手はありません！

筋肉をつければ、自分の体を自由自在にデザインできる！

「ウエストが細く締まった砂時計のようなスタイル」
「サラブレッドのような美しいボディ」

うれしいことに、私もいまでこそこのようにスタイルをほめていただくことが増えました。

でも、**私はもともと恵まれた体型や素質があったわけでもなんでもありません**。むしろ逆だったのです。

序章で私が最初にビキニフィットネスを始めようとしたとき、トレーナーからとても厳しい評価をされた話を書きましたが、事実、典型的な日本人体型で、競技には向いていない骨格なのです。

コンプレックスだらけの私の体を救ってくれたのは、ほかならぬ「筋肉」でした。

筋肉をつけることで「ダメダメな体」を大改造することができたのです。

最近では「脚が長いですね！」と言っていただくことも多いのですが、もともと脚は決して長いわけではありません。むしろ身長のわりには短いほうです。

それを脚の付け根の筋肉を鍛えて、お尻の上のほうに筋肉をつけてヒップアップさせることで、脚を長く見せることができたのです。

こうやって戦略的に筋肉をつけることで「肉体改造」した結果が、いまの私です。

顔は美容整形をしないと変えられないけど、**「理想の体は自分でつくれる」**のです！

これを活かさずして「自分はもともとスタイルがよくないから、やってもムダ」と諦めるのは、とてももったいないですよ！

筋肉をつければ、「座っているだけでもやせる体」になれる！

筋肉がつくとカッコいいボディが手に入りますが、それだけではありません。

筋肉をつけることで**「太らない体」**になり、もっといえば、**座っているだけでも脂肪燃焼できる体**になれるのです。

「基礎代謝の6割は筋肉によるもの」といわれます。つまり、筋肉をつければつけるほど、使われるカロリーが多くなって、「やせやすい体」になるのです。

体を使うことが少ない現代人は、少量の食事でもすぐに吸収され、太ってしまいます。

車なら燃費がいいのはすばらしいことですが、体のほうは話が別。

この時代、たくさん食べてどんどんエネルギーを使う（＝太らない）、**「燃焼系ボディ」**がいいに決まっています。

では、どうすれば「燃える体」をつくれるかというと、いちばん手っ取り早いのが、**エネルギーの消費量が多い「大きな筋肉を育てる」**ことです。

「筋トレ」というと、ボディビルダーのように「筋肉を大きくするために行うもの」と思われていることも多いのですが、そうではなく、「カッコいい体」「引き締まった美しい体」を保つために欠かせないものなのです。

「大きい筋肉」を集中的に鍛えることで、短時間で結果を出す！

一口に「筋肉」といっても、体にはさまざまな大きさや形の筋肉があります。簡単に分けると、筋肉には**「大きい筋肉」**と**「小さい筋肉」**があります。

たとえば「小さな筋肉」である、上腕二頭筋のトレーニングを必死で行っても、代謝アップはあまり期待できません。消費カロリーもわずかなものです。

でも**「大きな筋肉」を鍛えれば代謝もしっかり上がるし、消費カロリーも稼げます**。**最短で最大の効果を得る**ことができるのです。

では、「大きい筋肉」は、体のどの部位にあるのでしょうか？

●背中
●太もも＋お尻
●胸

これらが大きい筋肉にあたります。
では、逆に「小さい筋肉」はどこでしょうか。

●肩や腕
●ふくらはぎ
●お腹

意外にも、お腹の筋肉は、それほど大きくはないのです。
大きな筋肉の中でもとくに、

① **背中**
② **太もも（＋お尻）**
③ **胸**

以上の筋肉を、ここではわかりやすく**「筋肉のビッグ3」**と呼びます（お尻は、太ももの付け根の筋肉を鍛えることで自然に鍛えられるので、「太もも」に集約しました）。

こららの**「大きい筋肉」は関節を安定させるといわれるインナーマッスルも刺激するので、それらを意識して鍛えることで、最も早く効率的に筋肉をつけることができる**のです。

また、エネルギーの消費量が大きい分、余計な脂肪がどんどん落ちていきます。

つまり、この**「筋肉のビッグ3」を集中的に鍛えることで、ボディは見違えるほどカッコよくなる**のです！

大きい筋肉（ビッグ3）

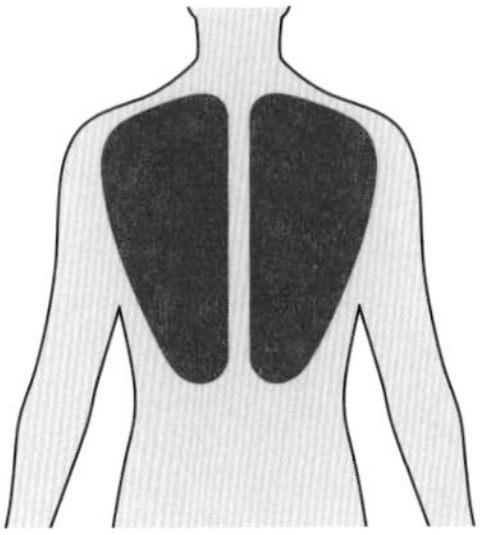
背中

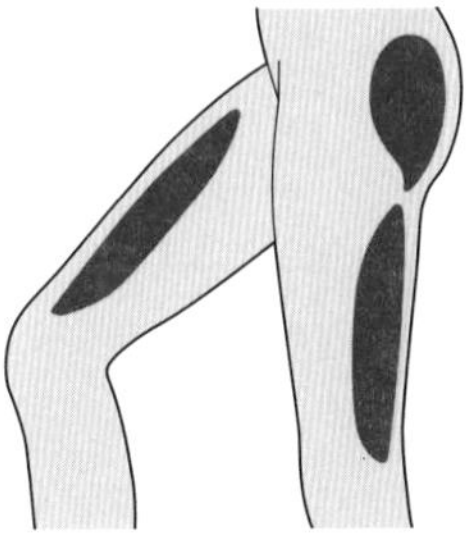
太もも＋お尻

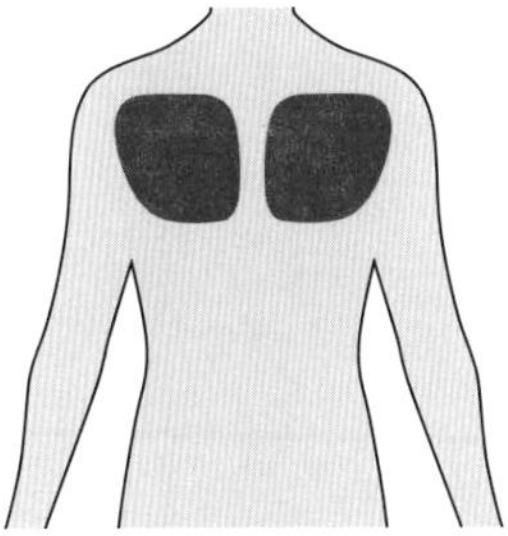
胸

小さい筋肉

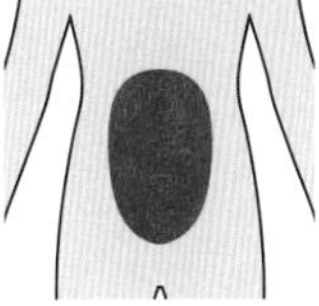
お腹

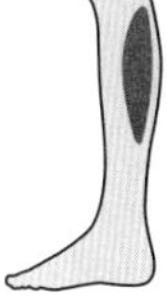
ふくらはぎ

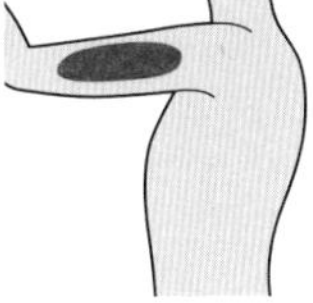
腕

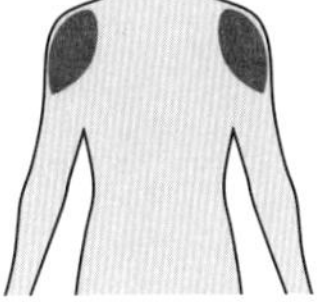
肩

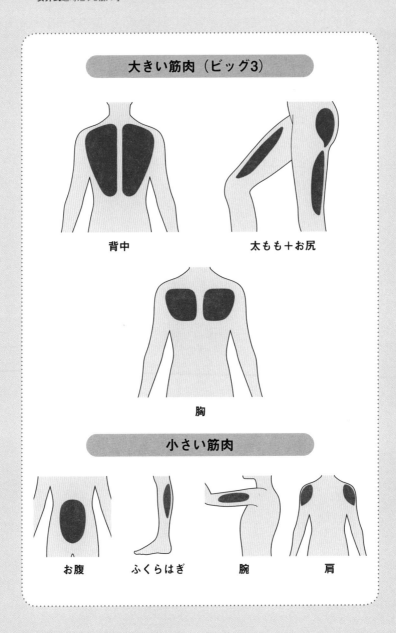

筋肉の絶対王者「ビッグ3」って、どんな筋肉？

次に、忙しい人でも効率よく筋トレを行うために私が提案する「筋肉のビッグ3」、すなわち「背中」「太もも（＋お尻）」「胸」について詳しく解説していきましょう。

筋肉のビッグ3！❶

背中

「やせ細胞」を刺激し、脂肪を燃焼！ボディラインにメリハリをつくる！

最初にあげるのは「背中」です。

背中には**「広背筋」「僧帽筋」「大円筋」「脊柱起立筋」**などの筋肉があります。

なかでも、**広背筋**は上腕から腰までの筋肉で、上半身で最も大きい筋肉のひとつ。ここを鍛えることで**「天使の羽根」**と呼ばれる肩甲骨がくっきり浮き出た背中になれます。

とくに、女性は背中の筋肉をつけることで**ウエストのくびれがクッキリ出ます**。

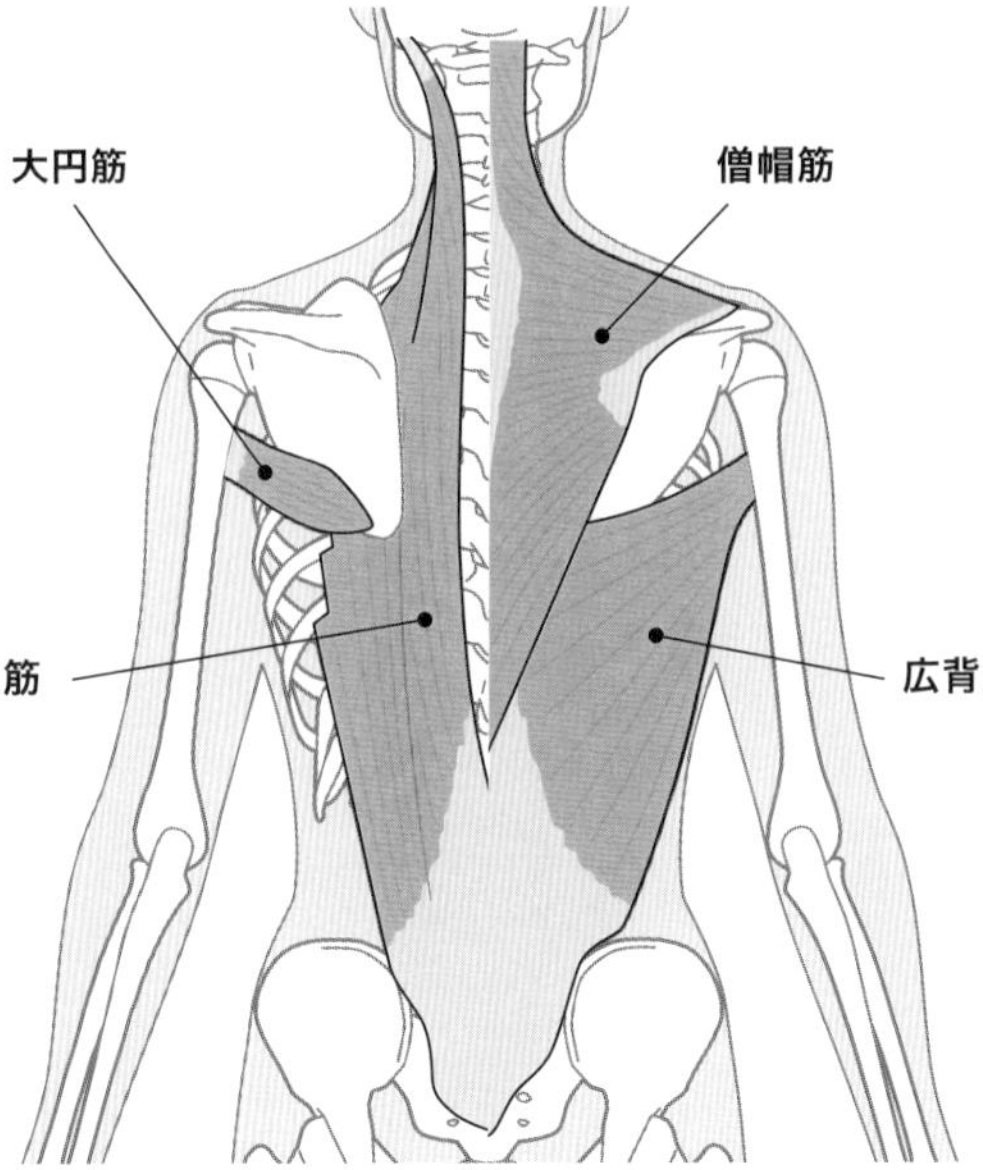

さらに特筆すべきは、背中には「褐色脂肪細胞」という細胞が多く存在していること。

この細胞は体温調整機能を持ち、熱を発生させるため、**「やせ細胞」**ともいわれています。

褐色脂肪細胞は大人になると減少して増やすことはできないのですが、筋トレによって刺激されます。

つまり、**背中の筋肉を動かし、鍛えることで、カッコいいボディ、女性らしいくびれがつくれるだけでなく、「ダイエット効果」も期待できる**のです。

筋肉のビッグ3！❷
太もも＋お尻
効率的に代謝アップ！脚長効果も絶大！

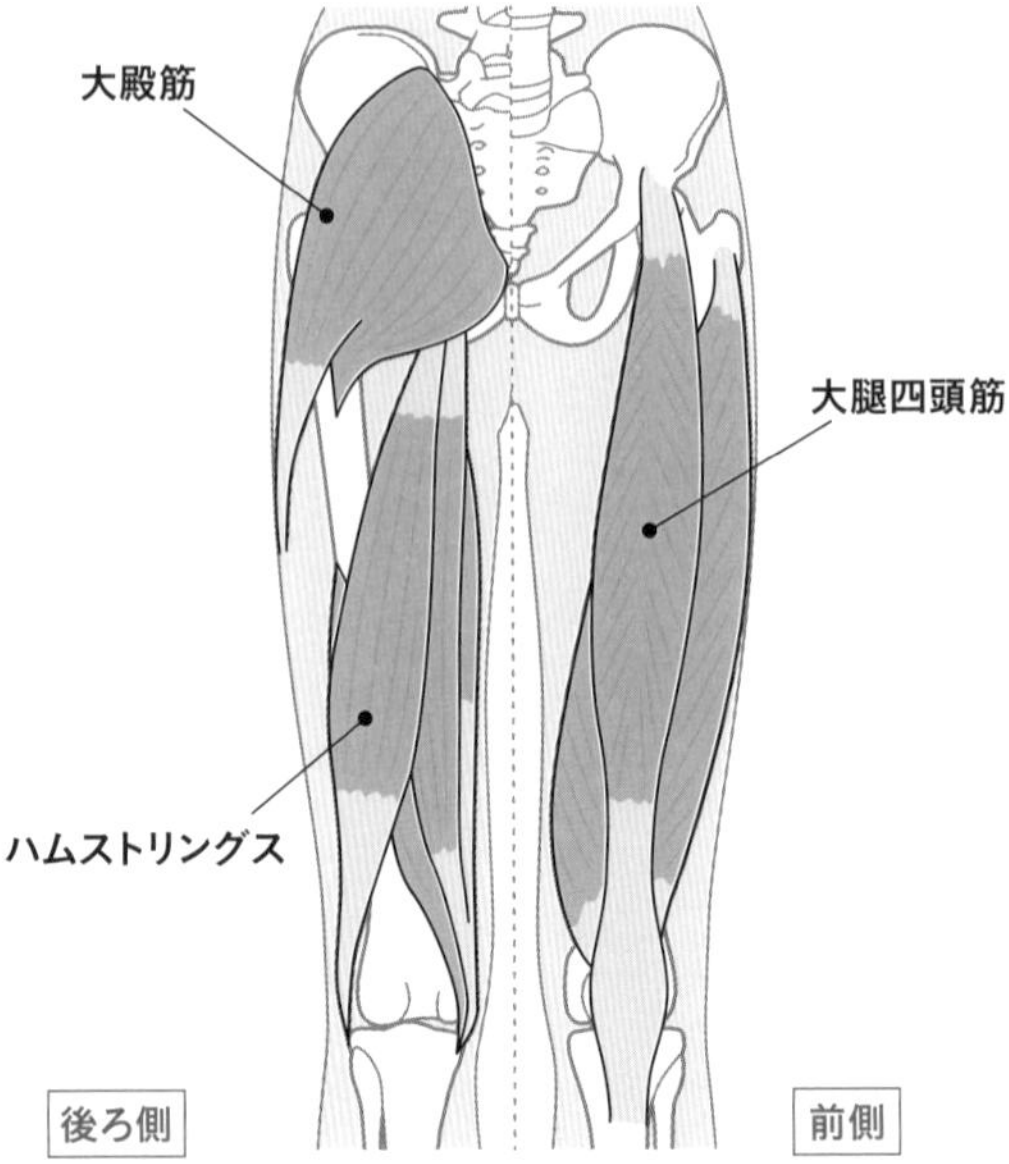

次に、「太もも」です。

この**太ももの筋肉群は**、**人の体の中で最も大きな体積を占めます**。

太ももの筋肉は主に前側の**「大腿四頭筋」**と後ろ側にある**「ハムストリングス」**によって成り立っています。

太ももの筋肉はどれも大きいので、鍛えることで大きく代謝がアップ！

エネルギー消費量が多く、**ダイエットにはとても重要な部位**です。

また、裏ももの**「ハムストリングス」**を鍛えることで、**脚全体が引き締まり、お尻（大殿筋）がキュッと上がります。その結果、脚も長く見える**というわけです。

後ろ姿は、意外と他人に見られています。

バックスタイルに自信がつけば、あなたのボディは無敵ですよ！

筋肉のビッグ3！❸
胸
厚い胸板、バストアップ効果で全身に自信がみなぎる！

3つめは「胸」。

この胸の筋肉、じつはあまり知られていませんが、男性らしい・女性らしい体をつくるのに重要な主に2つの筋肉でできています。

それは、**「大胸筋」**と、その奥にあるインナーマッスル**「小胸筋」**です。

「大胸筋」は、とても大きな筋肉。

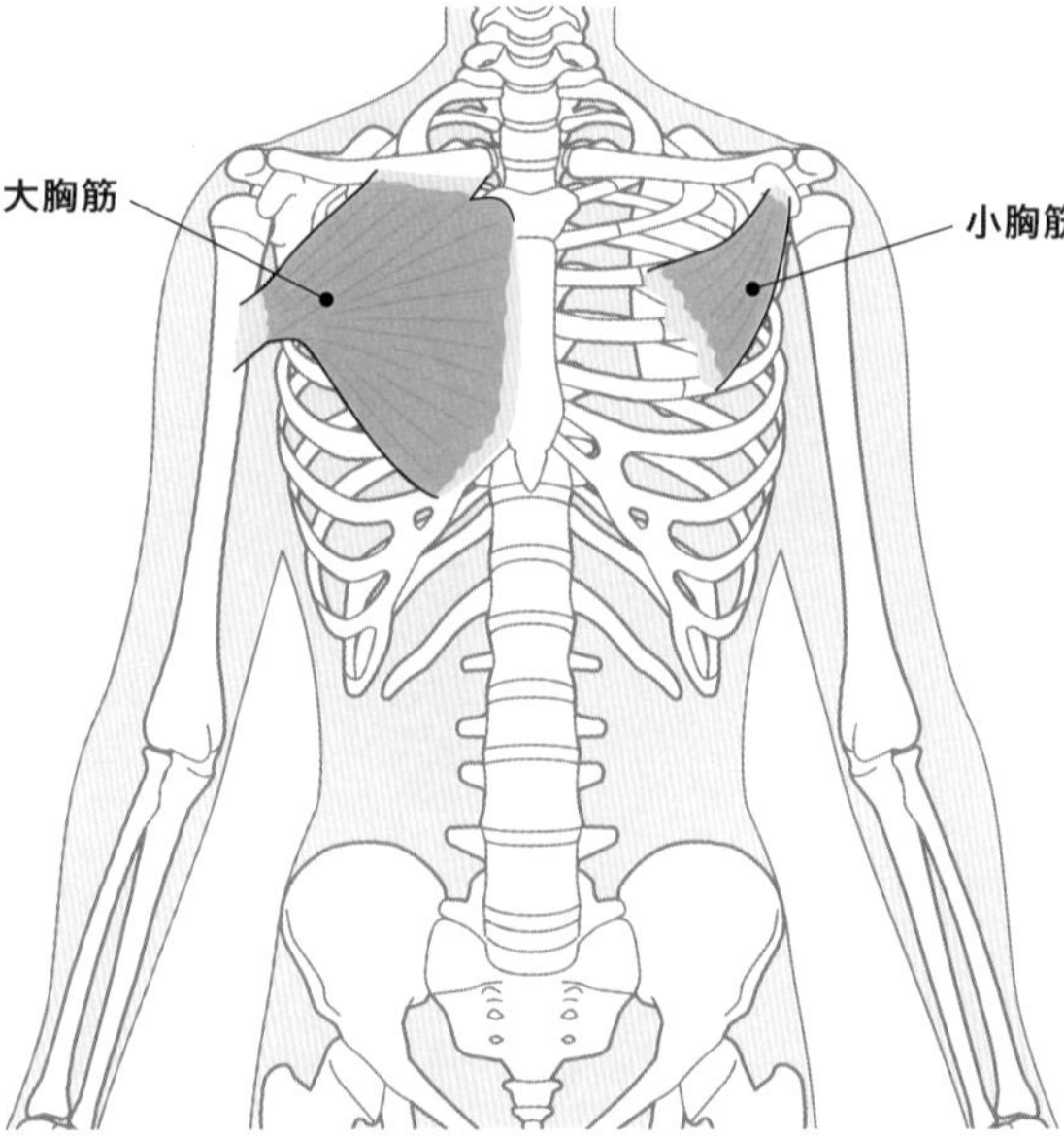

ここを鍛えることで、脂肪燃焼効果が得られるのはもちろんですが、なんといっても**上半身の印象を決める大事な部位**でもあります。

胸板の厚い男らしいボディは男性の憧れですよね。

では、女性は鍛えなくていいのかといえば、そうではありません。

「小胸筋」は肋骨を引き上げる作用があるため、鍛えることで男女問わず胸まわりのリフトアップ効果があります。

女性はバストの下垂を防ぐことができるとともに、土台となる筋肉がつくことで、バストのボリュームアップも期待できますよ！

胸囲にボリュームが出ると下半身が引き締まって見え、**全身のボディラインがより整い、自信に満ちた印象が生まれる**のです。

筋肉のビッグ3！＋α
お腹
インナーマッスルを鍛えて、内臓を引き上げる！

ところで、この「ビッグ3」に「腹筋」が入っていないことに「おや？」と思った人もいると思います。

じつは**腹筋は、それほど「大きな筋肉」ではない**のです。

でも体の中で、多くのみなさんがいちばん気になるのは、やっぱり「お腹」ですよね。

ぽっこりお腹や、たるんだ下腹は、見た目も老けさせてしまいます。

どうせ筋トレをするなら、「まずお腹を凹ませたい！」「くびれが欲しい！」という人は多いはずです。

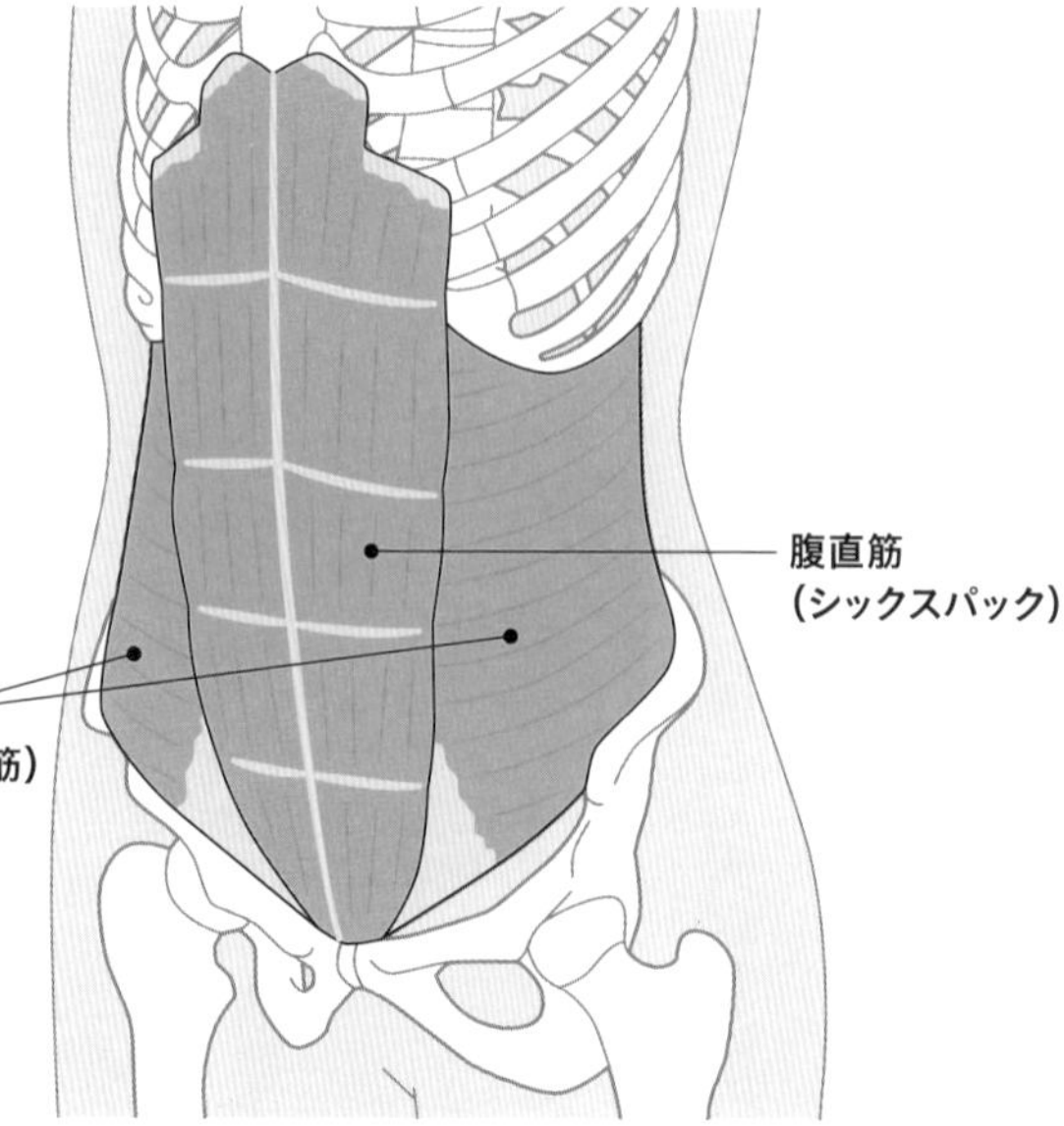

そこで「ビッグ3」に「プラスα」として、お腹を凹ませるためのトレーニングも加えることにしました。

お腹を凹ませるというと、いわゆる「腹筋運動」を思い浮かべる人が多いかもしれません。

一般的に「腹筋」といわれるのはお腹の前面にある「腹直筋」を指します。

この「腹直筋」がきれいに6つに割れて見える状態が、いわゆる「シックスパック」です。

寝た体勢で上半身を起こす昔ながらの腹筋運動は、腹直筋を鍛えることでウエストを細くしたり、お腹を凹ませるのに、ある程度の効果があります。

でも、じつは体の内側から**お腹を凹ませ、くびれをつくるためのキーポイントとなるのは、「腹横筋」という腹筋の中でもいちばん深いところにあるインナーマッスル**です。

「腹横筋」は別名**「コルセット筋」**とも呼ばれ、内臓を支える大切な役割を担っています。

普段なかなか聞き慣れない筋肉ですが、これを鍛えることで、**内臓脂肪が減り、ぽっこりお腹がみるみる凹んでいく**のです。

この章では、この「腹横筋」の効果的なトレーニングも紹介します。

では、次のページから**「ビッグ３＋α」を鍛えて脂肪をガンガン燃やす筋トレ**を開始していきましょう！

第４章、第５章で紹介するトレーニングの応用編などは、ＹｏｕＴｕｂｅで紹介しています！
ＹｏｕＴｕｂｅ
「安井友梨のＦＡＶＯチャンネル」
https://www.youtube.com/watch?v=HJWVe2V1r8E

1日10分！　はじめてでも簡単！「安井式超時短ゆる筋トレ」5つの基本トレーニング

それでは、「筋肉のビッグ3」にフォーカスしたトレーニングを紹介していきましょう。

まずは、初心者でも簡単に始められる超基本のトレーニングからです。

このトレーニングの特長は、

★**短時間でできる**
★**誰でも無理なくできる**
★**自宅でもできる**

こと。

つまり、「**短時間で集中して行うことによって、高い効果を期待できるメニュー**」から成り立っています。

名付けて「**安井式超時短ゆる筋トレ**」。

すべて、**初心者でも簡単にできるものばかり**です。

しかも時短で、**全部行っても15～20分ほどで終了**します。

毎日でなくても、自分のできる範囲で、**最低週2回、できれば週3回でOK**です。

場所を選ばずできる、難易度の低いものから順に紹介していきます。


【注意】

▼トレーニングを始める前に、ストレッチや軽いウォーキングなどを行うと、より効果的です。

▼ヒザや腰などに痛みのある人、高血圧の人、その他持病のある人は決して無理をせずに、医師に相談してから行ってください。

▼「安井式ブレス」呼吸するだけでくびれる！　オフィスで、外出先で、いつでもどこでもできる最高の「筋トレ」！

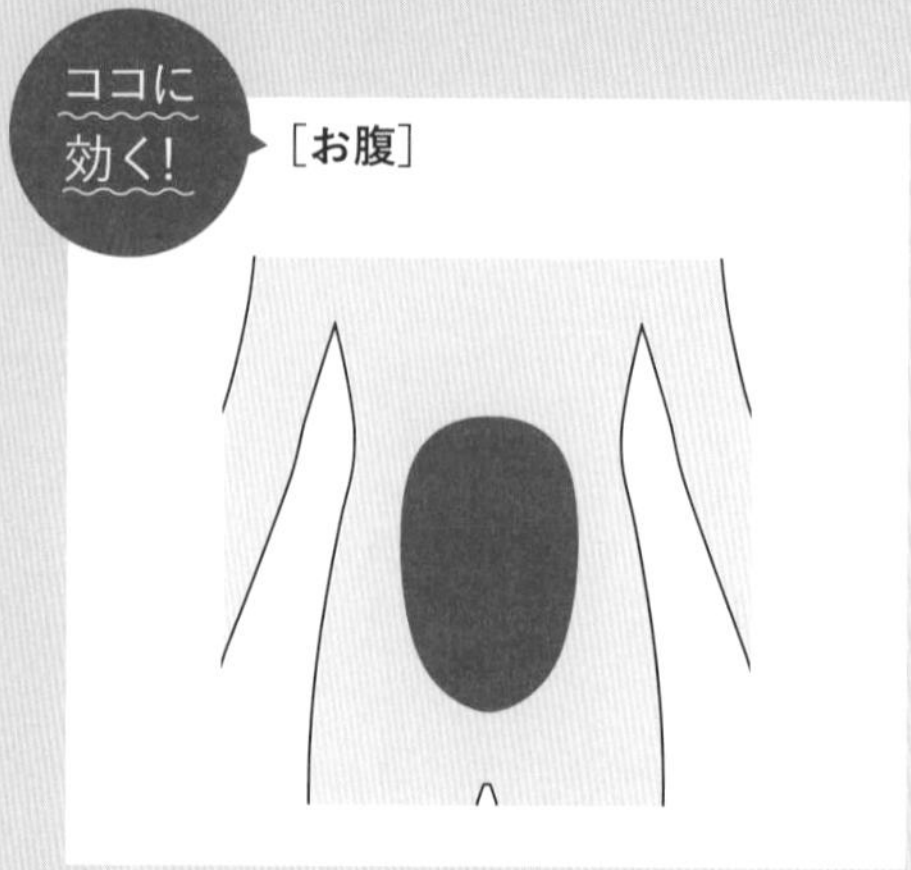

ウエスト部分に横に走る、コルセットのような筋肉「腹横筋」。**ぽっこりお腹を凹ませ、くびれをつくるカギ**となります。ところがこの「腹横筋」は、体の深いところにあるインナーマッスル。普通の筋トレでは鍛えられません。でもなんと、**「呼吸」で鍛えることができる**のです！

息を細く長く吐くことによって筋肉が収縮し、実際にやってみるとかなり効いているのがわかるはず。1日1回でも効果は出ますが、デスクワーク中、電車の中、テレビを見ながら、家事の途中など、思いついたときにやれば効果絶大！

「安井式ブレス」のやり方

回数 ▶ 1日に何回でも！

1 椅子に腰掛けた状態で腕を軽く曲げて太ももの上にのせ、自然に鼻から息を吸う

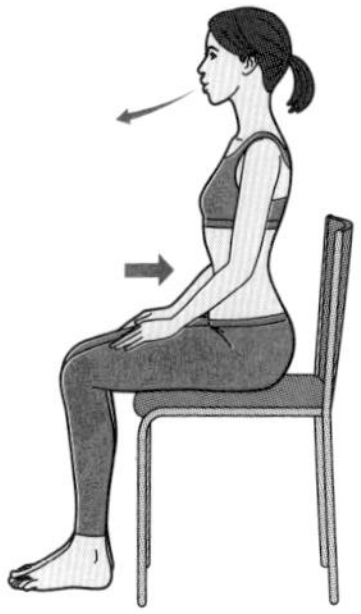

2 おへその下あたりを意識して、30秒かけてお腹を徐々に凹ませながら、口からできるだけ細く長く息を吐き切る

3 息をすべて吐き切ったら、また鼻から息を吸う。これを数回繰り返す

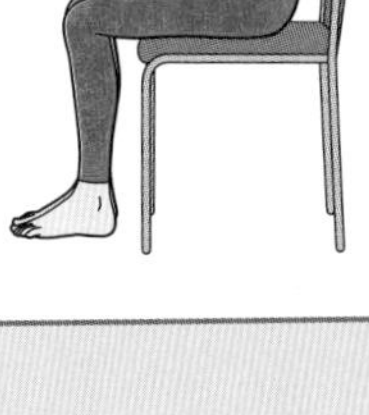

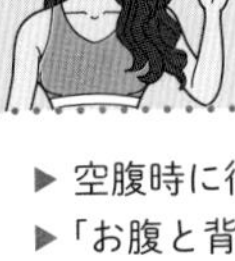

yuri's point

- ▶ 空腹時に行いましょう（満腹時に行うと気持ちが悪くなることがあります）
- ▶「お腹と背中をくっつけるイメージ」で、ギューッと限界まで凹ますこと
- ▶ やりづらい人は肘を少し外に張り出し、背中を丸めながら吐き切ること

「サイドヒッププレイズ」

ヒップアップしながら全身のバランスも整う、お得なトレーニング！　ウォーミングアップにも最適！

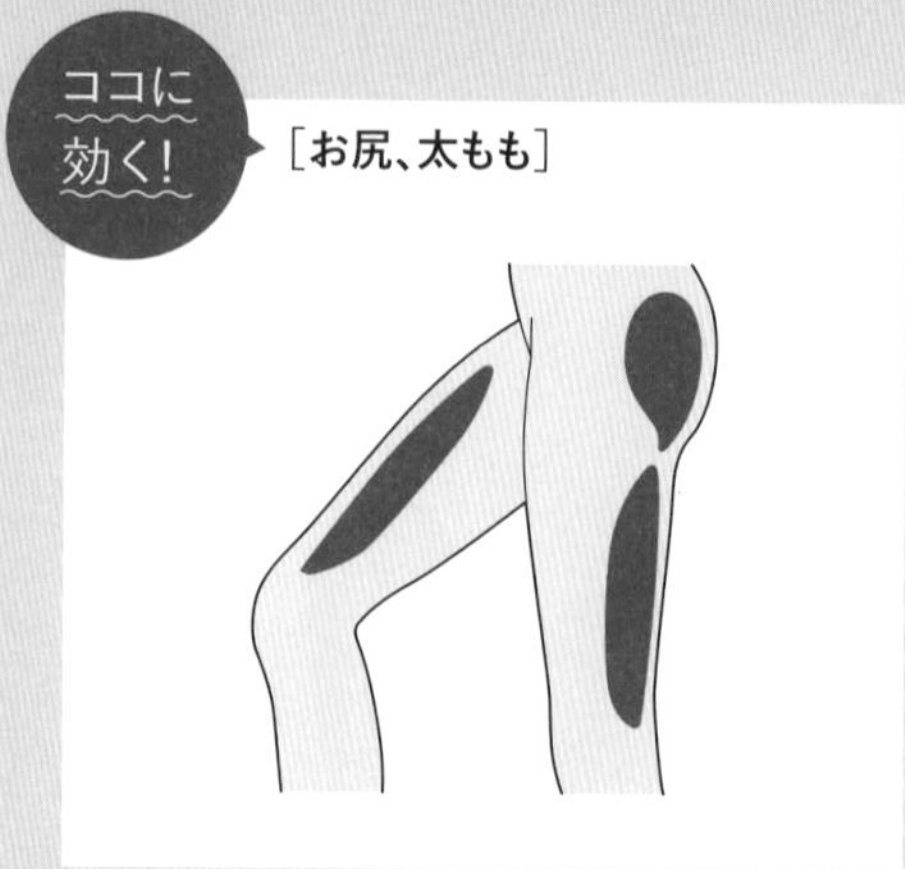

股関節の動きをスムーズにしてくれる、ウォーミングアップにも最適なエクササイズ。

お尻の高い位置を刺激するので、プルンと上向きに！

お尻や太ももを集中的に刺激することで、下半身を鍛え、すらりと脚長に見せます。

じつは日本人にはハムストリングスが弱く猫背になってしまう人が多いのですが、このトレーニングを行えば**姿勢までよくなります。すると見た目がカッコよくなるだけでなく、体全体のバランスが整うなど、連鎖的に効果を発揮します！**

「サイドヒップレイズ」のやり方

回数 ▶ 左右各20回ずつ！

1 四つんばいの姿勢になり、右足を少しだけ後方にずらす

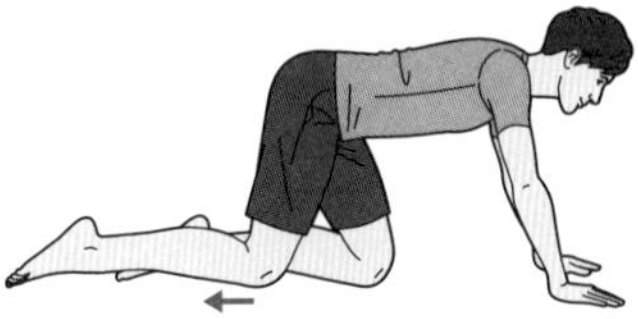

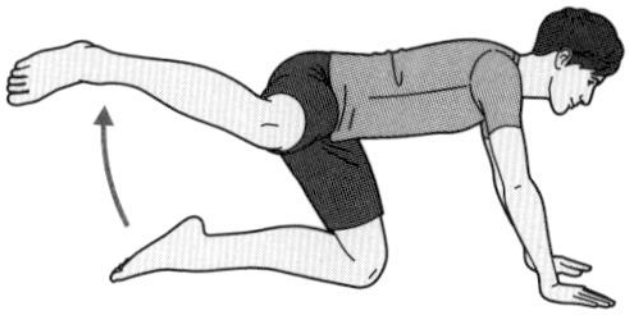

2 そのままの姿勢で、ももの付け根から体と同じ高さまで3秒かけてゆっくりヒザを上げ、お尻にしっかり力を込めて3秒キープ！

3 4秒かけてゆっくり下ろす。このとき足は床につけないで、またゆっくり上げる。左足も同様に行う

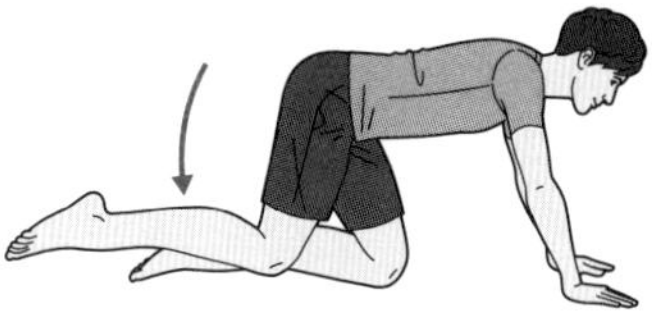

yuri's point

▶ 最初に、足を後方にずらすのがポイントです
▶ 目線はまっすぐ前を見て、体の軸はしっかり固定したまま、ヒザを高く上げること
▶ 勢いをつけずに、ゆっくり行いましょう

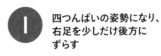

▼「オーバーヘッド相撲スクワット」
成長ホルモンを促進！　超簡単なのにダイエット効果抜群！

相撲で試合を始める前にお互いが土俵際でしゃがむ「蹲《そん》踞《きょ》」の姿勢で行うスクワットです。**シンプルですが、これが全身のダイエットに効果絶大！**　脂肪を分解する成長ホルモンの分泌を促し、代謝がアップします！

大きな力を出すアウターマッスルだけでなく、インナーマッスルも鍛えられ、内臓を支える「腸腰筋」にも効くため、ぽっこりお腹やむくみが解消されます。

また、股関節、骨盤、背骨など、全身の軸を整え、姿勢を美しく保つことで、血行を促進し、腸の働きを整えます。

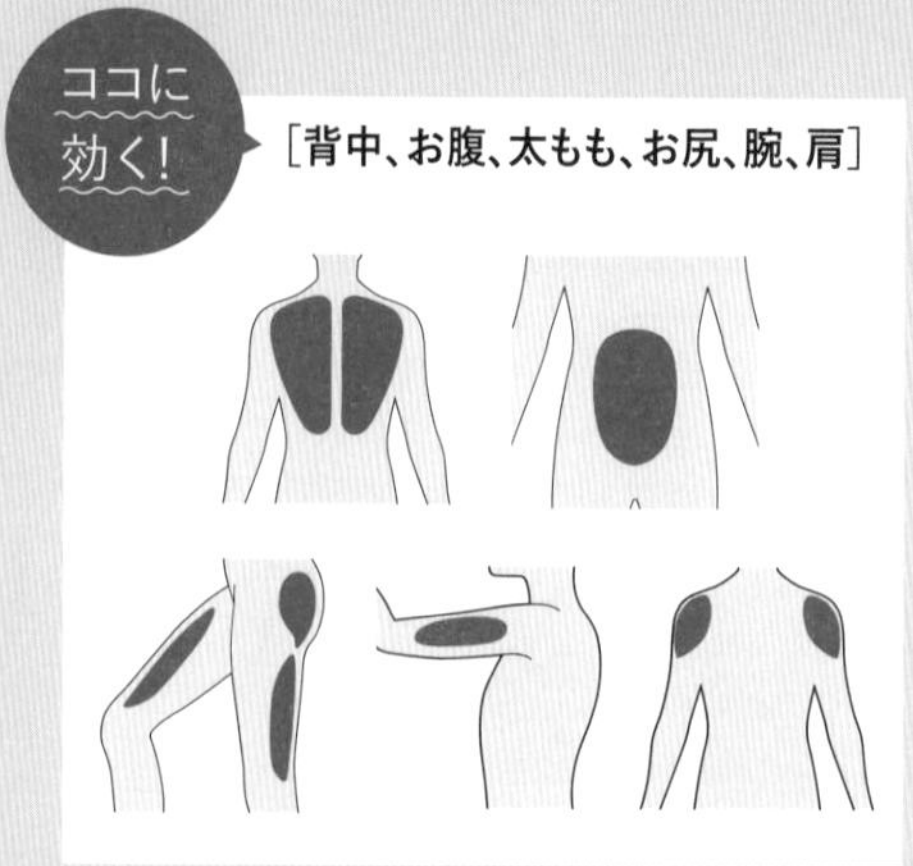

「オーバーヘッド相撲スクワット」のやり方

回数 ▶ 10回

1 フェイスタオルの両端を持って腕をまっすぐ上に伸ばす。足を肩幅に広げて立ち、かかとはつけたまま、つま先を60度くらい外へ向けて「ハ」の字に開く

2 そのまま3秒かけてお尻を後ろへ引いて、ゆっくり下ろす。かかとに骨盤をのせるイメージで股関節をしっかり開いて5秒間止める

3 そのままゆっくり立ち上がる

yuri's point

- ▶ タオルはたるませることなく、肘は常にしっかり伸ばしましょう
- ▶ 頭からお尻まで、まっすぐになるイメージで、上体が前に倒れないよう、上半身をしっかり起こす。ヒザは内側に入らないようにしっかり開いてください！
- ▶ キツい人は、腕を胸の前でクロスさせてもOK！

超時短ゆる筋トレ④

▼「クロッシングクランチ」
体幹を鍛え、お腹ぽっこりだけでなく、下半身が広範囲に引き締まる！

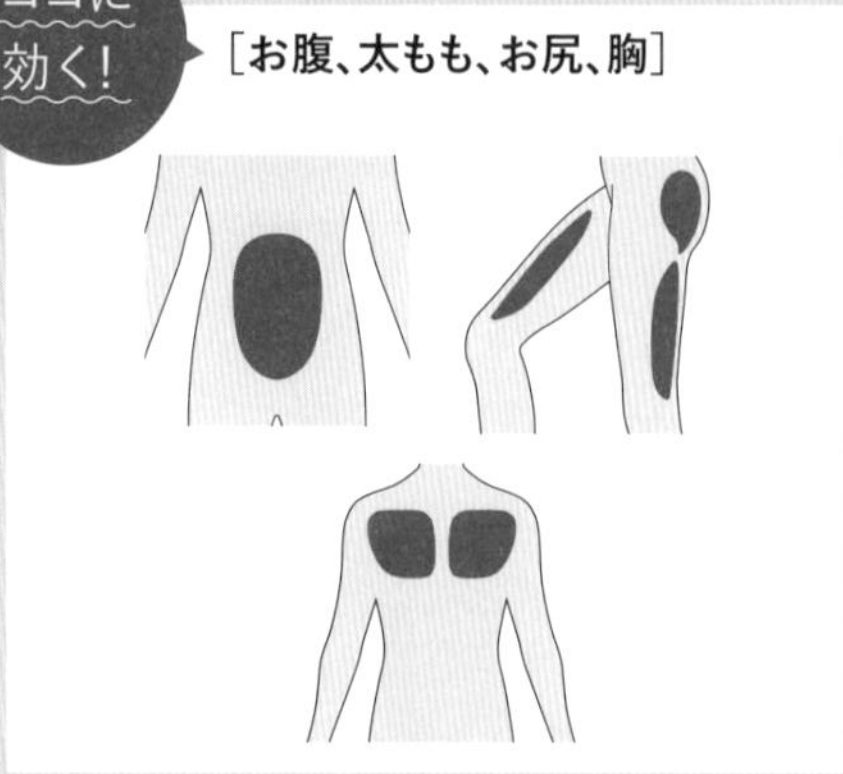

正しい姿勢を保ち、体幹を鍛えるエクササイズです。

多くの人が気にしている**たるんだお腹やぽっこりお腹**、それに、脚も動かすので、**太ももやお尻、股関節の伸筋に効果があります**。引き締まったウエスト、くびれが手に入るだけでなく、**下半身全体も引き締める**ことができます。

慣れてくると、どんどん深くクロスできるようになりますが、勢いをつけずにゆっくり行うことで効果があがります。**外腹斜筋や腹横筋が鍛えられる**ので、毎日続けていれば、シックスパック（158ページ）も夢じゃありませんよ！

「クロッシングクランチ」のやり方

回数 ▶ 左右1回ずつを1セットとして10セット

1 仰向けに寝て腕を頭の下で組む。ヒザは90度に曲げて足全体を軽く浮かす

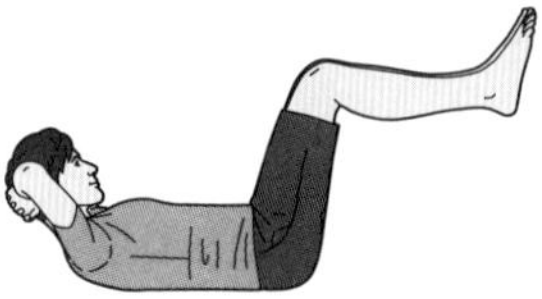

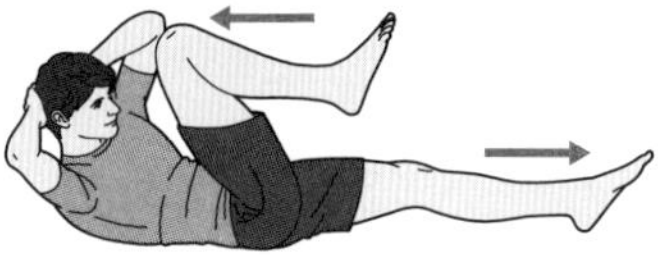

2 つま先にヒモがついているイメージで、息を吐きながら伸び上がるように右足を胸に引き付ける。それと同時に頭を持ち上げ、左の肘を右のヒザにタッチ

3 同様に左のヒザと右の肘をタッチ

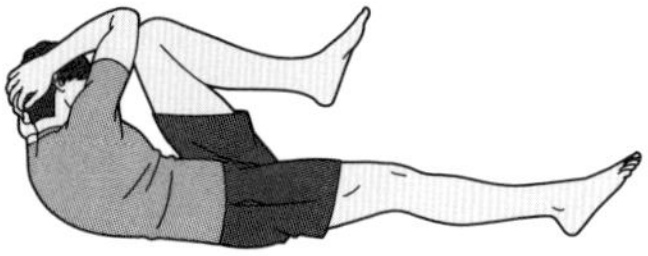

yuri's point

- ▶ はじめは❷❸で実際にタッチできなくてもOK！
- ▶ 背中を丸めて目線はお腹を見て、中心をずらさず、腹横筋を意識。しっかりお腹をひねりましょう！
- ▶ なるべくゆっくり行いましょう！

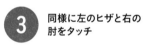

▼「サラブレッド・レッグレイズ」
目指すは燃焼しやすい体とサラブレッドのような美脚！

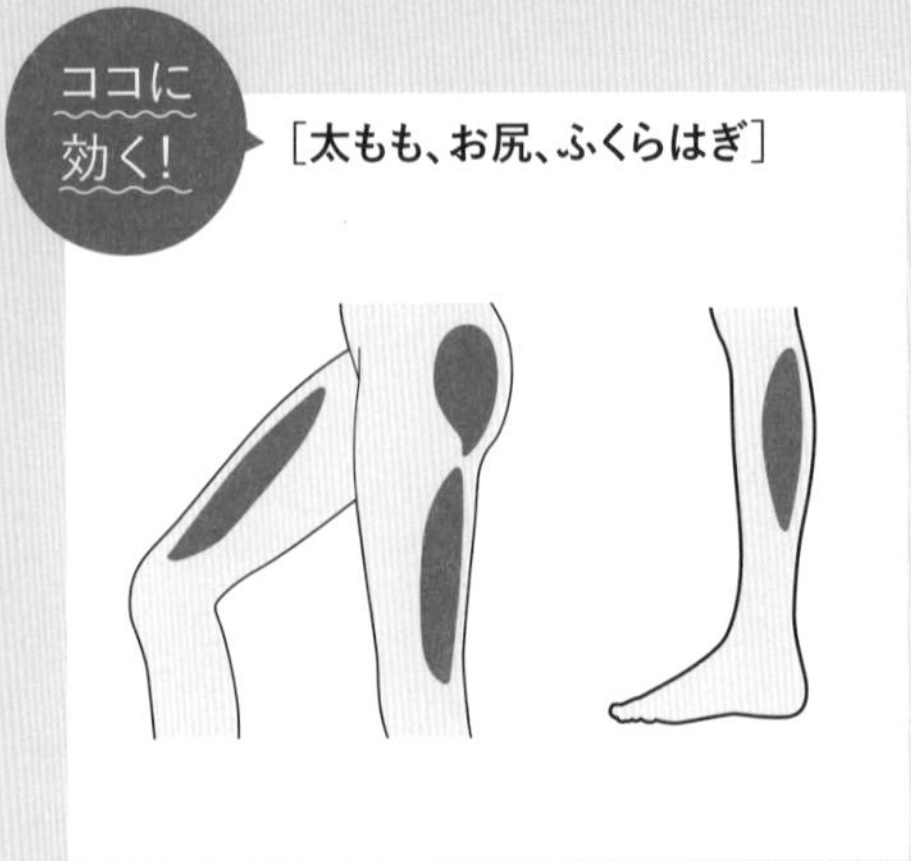

私の理想はサラブレッドのような脚！　そのためにはサラブレッドの動きを取り入れた、このトレーニングを。

ちょっとキツめですが、**美しい筋肉のついた脚をつくります**。また、**太ももの大きな筋肉を鍛えることで、燃焼しやすく太りにくい体になります**。

また、脚を後方に高く蹴り上げると、お尻の筋肉がギュッと引き締まるのがわかります。

ぜひ、サラブレッドがストライドを広げて走っていくのをイメージしながら、続けてみてください。

「サラブレッドレッグレイズ」のやり方

回数 ▶ 左右各20回ずつ

1 壁際に立ち、片手を壁に当てて安定させる

2 馬のように勢いよく加速しながら高く蹴り上げる。脚のつけ根から斜め後ろ45度ぐらいに上げ、お尻にグッと力を入れ3秒キープ

3 できるだけゆっくり下ろす

yuri's point

- ▶ 競走馬が加速するイメージで、最初はゆっくり、だんだん速く
- ▶ 脚は無理のない範囲で、できるだけ高く上げましょう
- ▶ 下ろすときはゆっくりと。緩急差をしっかりつけることで、効果がアップ
- ▶ お腹や腰（骨盤）は固定して、目線はまっすぐ、脚だけを動かしましょう

第5章

女性はくびれ、男性は割れる！

もっと本気で やせたい人のための 「安井式 集中ガチ筋トレ」

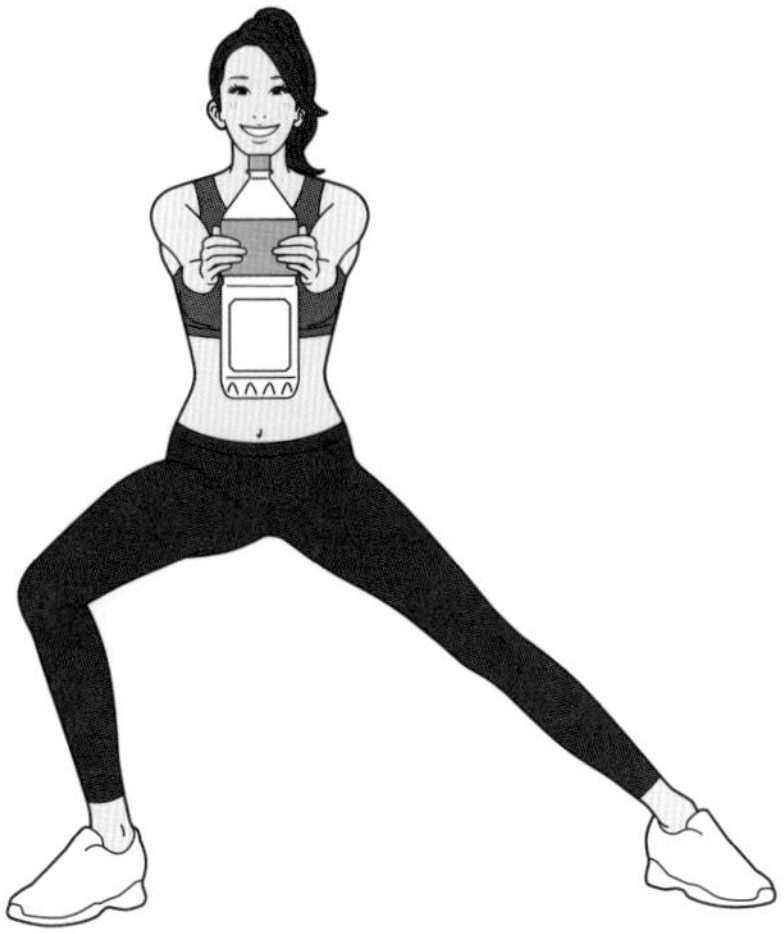

「メリハリボディ」はこうつくる！女は「くびれ」、男は「割れる」！　「安井式集中ガチ筋トレ」

ここでは、**第4章の「超時短ゆる筋トレ」をクリアした人、もっとレベルアップしたい人のためのトレーニング**を紹介します。名付けて、「集中ガチ筋トレ」です。

「安井さんのような体になるには、どうすればいいですか？」

私のセミナーに来てくださる方々などにそう言っていただけることは、私にとって日々の励みになります。

でも、競技に出る予定でもない限り、働きながら毎日ジムに通い、自分の限界に挑戦し続けるなど、よほど意志が強くなければ、そこまでストイックにはできませんよね。

本格的な筋トレは、スポーツジムのマシンを使わないと、なかなか難しいものです。

でもここでは、**マシンを使わなくても、自宅で「メリハリボディ」がつくれるトレーニング**を紹介します！

朝・夜など、時間のとれるときに行えます。

必要なのはペットボトルだけ。特別な道具は何も使いません。

ペットボトルは500〜2000ミリリットルのものを用意してください。重さにすると0・5〜2キロ。ちょうどいい負荷がかかるうえ、それだけで消費エネルギーが格段に増えます。

また、ペットボトルを持つことで体が自然にバランスをとろうとするため、**インナーマッスルが効果的に鍛えられます**。

〈準備するもの〉

●水の入ったペットボトル（容量500〜2000ミリリットル）

▼男性など負荷が足りないと感じる人、さらに効果を上げたい人は、500ミリリットルのペットボトルに慣れたら、1リットル、2リットルと負荷を増やしていってください！

▼逆に、腰などに負担を感じる人は、ペットボトルを持たずにやってみて、慣れたら使用するなど、ご自身の状態に合わせて行ってください。

集中ガチ筋トレ❶

▼「ペットボトル・サイドランジ」

普段使わない筋肉が目覚め、脂肪がジワジワ燃え出す！

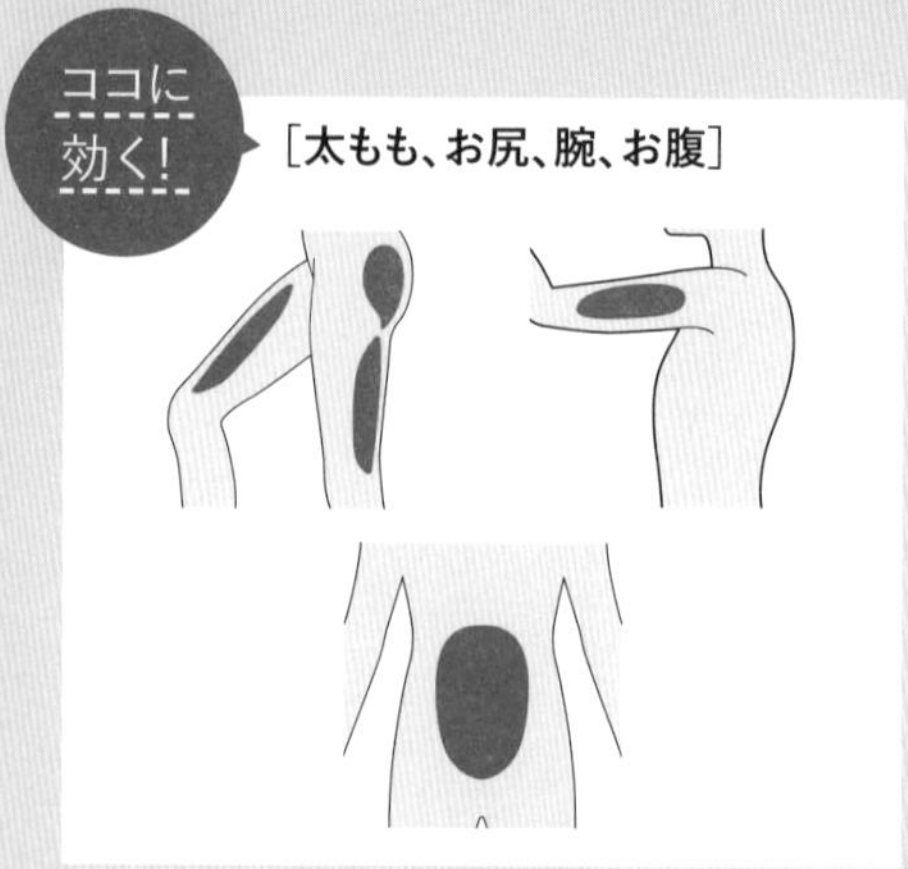

日常生活ではほとんどしない、横への重心移動。使わない筋肉はどんどん衰えてしまいます！　このトレーニングは、内もも・外ももの筋肉だけでなく、大殿筋の上部にある「中殿筋」にも効くため、**ぐっと引き上がった立体的なお尻**に。**大きな筋肉を集中的に鍛えるため、脂肪燃焼効果が高く代謝も上がる**ので、ダイエットにもぴったり。筋肉を効率よく育てることができます。

安井式では「ペットボトルを持つ」という動作を加えることで、二の腕の引き締めにも効果があります。

「ペットボトル・サイドランジ」のやり方

回数 ▶ 左―右往復を1回として5回×3セット

1 ペットボトル1本をタテに両手で持ち、胸の前で90度にまっすぐ伸ばし、しっかりと固定したまま右側へゆっくり腰を落とす。伸ばしたほうの脚はヒザを曲げないように注意！

2 腕を固定したまま、ゆっくり左へ重心を移動する。このとき、ヒザは外側へしっかり開く

3 左→右と移動しながら、だんだんと腰を深く落としていく

yuri's point

- ▶ 初心者はペットボトルなしで、両手を前に組んで行ってもOK
- ▶ 腰を深く落とすほど負荷がかかるので、はじめは浅めからスタートしましょう
- ▶ 腰を落としたほうと反対側の脚は、ヒザをしっかり伸ばしましょう
- ▶ ゆっくりと、一定のリズムで行いましょう

集中ガチ筋トレ❷

▼「ペットボトル・スティフレッグ」裏ももを伸ばしてお尻をギュンギュン引き上げる

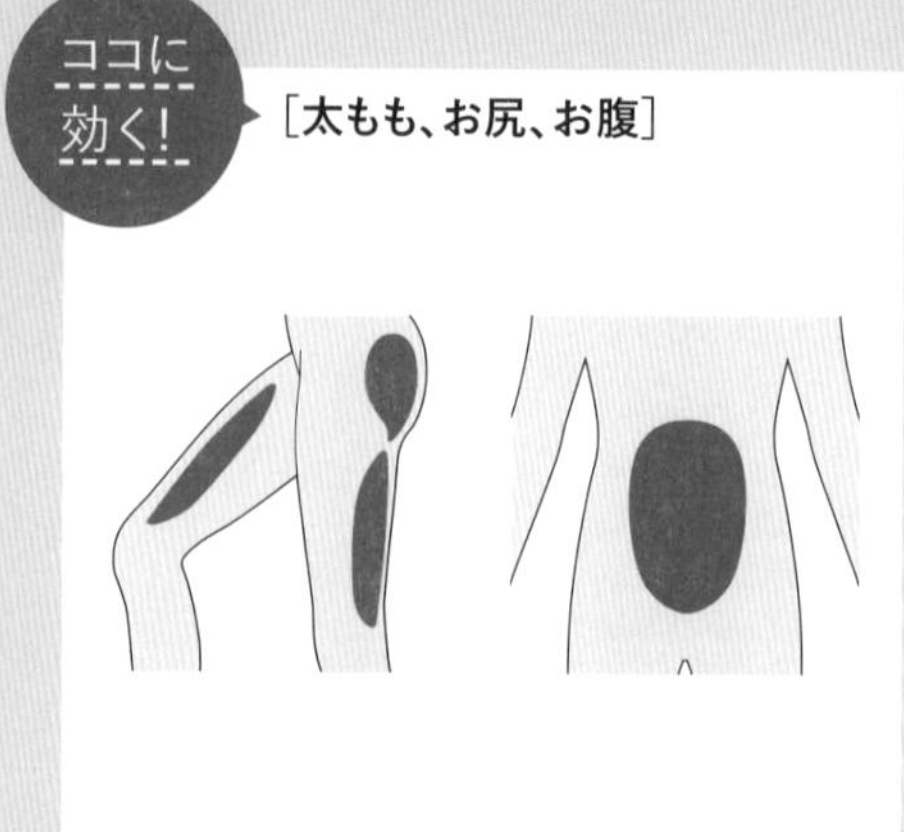

裏ももにある「ハムストリングス」と、お尻の筋肉「大殿筋」のトレーニングです。**私はこれでお尻が変わりました！**

筋肉は、伸ばした状態で負荷をかけることで発達します。太もも（ヒザ裏まで）、お尻が「ギューン」と伸びるのがわかると思います。

さらに、常におへその下に力を入れて軸を安定させておくことで、**腹筋にも効果があります**。

ただしハムストリングスは肉離れしやすいので、ほかのトレーニングで体が温まってからやりましょう。

「ペットボトル・スティフレッグ」のやり方

回数 ▶ 10回

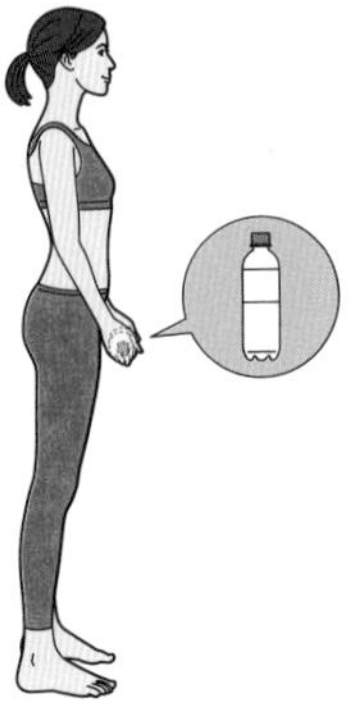

1 かかとに重心がのるように足を肩幅に開いて、ペットボトル1本を横にして両手で持つ

2 裏ももをしっかり伸ばしたままヒザの位置を固定し、上体を折りたたむようにゆっくり曲げ、お尻の穴を広げる

3 ペットボトルを持ったまま少し前に置き、そのまま2秒間キープ。ペットボトルを引き寄せて上体を起こし、お尻の穴をキュッと締め、❶の状態に戻る

yuri's point

- ▶ 胸をしっかり張って、背中を丸めないように注意！
- ▶ 体を曲げるときは、骨盤から折りたたむように。お尻は高い位置にキープ！
- ▶ お尻の穴を「広げる＆締める」ことで、インナーマッスルが鍛えられます
- ▶ 負荷を上げたい人は、１～２リットルのペットボトルで！

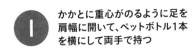

集中ガチ筋トレ③

▼「ペットボトル・バイク」インナーマッスルを刺激して、バキバキに鍛え抜いた腹筋を目指す！

誰もが憧れる、固く引き締まったウエスト。

ここではさらに上を目指し、**うっすらと腹筋が浮き出た、思わず人に見せたくなるようなお腹**を手に入れましょう！

骨盤を固定させ、常に下腹部に力を入れることでインナーマッスルを刺激し、より腹割《はらわり》効果がアップします。

ペットボトルを脚の上に置く動作を加えることで、上半身と下半身のつなぎ目に位置する筋肉「腸腰筋」も鍛えることができます。すると、普段使うことの少ない太ももの外側も同時に引き締めることができます。

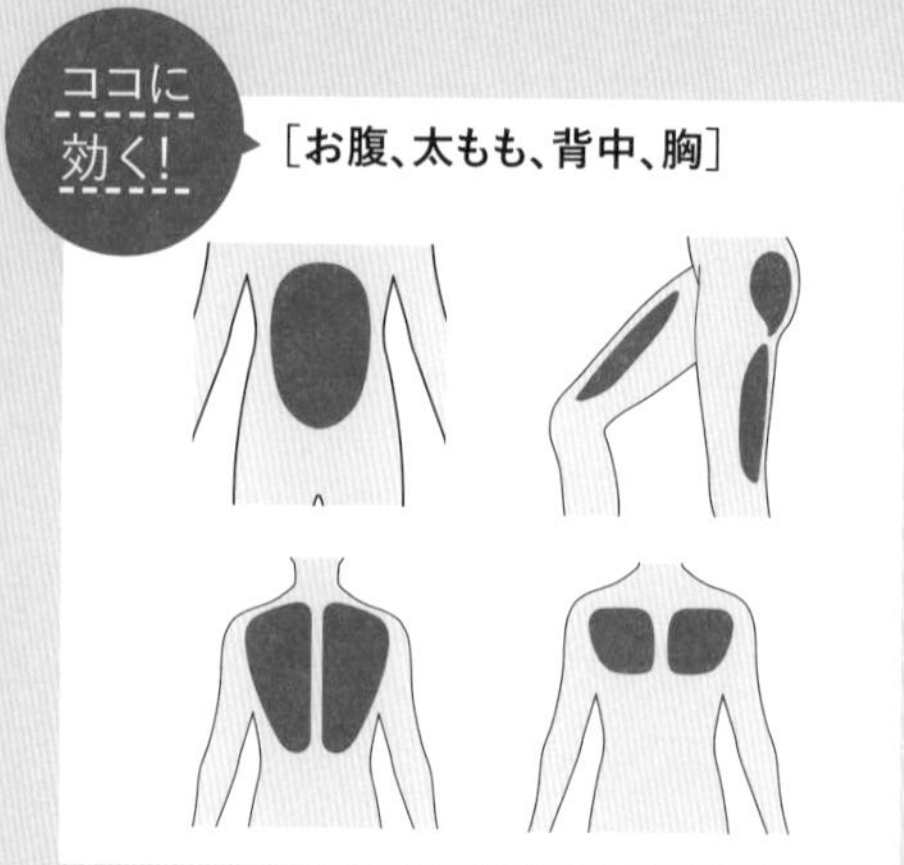

「ペットボトル・バイク」のやり方

回数 ▶ 10回

1 仰向けに寝て、両手でペットボトルを持ち、頭上にまっすぐ伸ばす。脚を上げてヒザは90度に曲げる

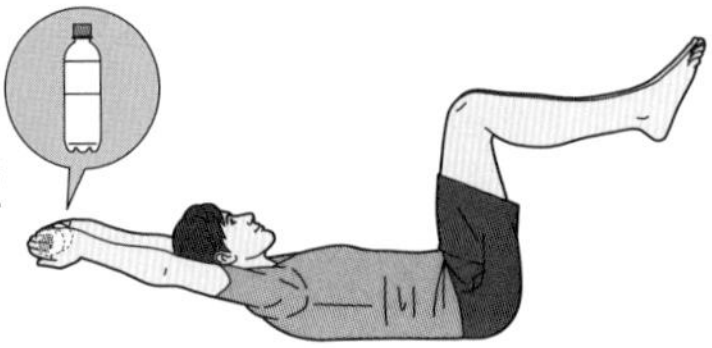

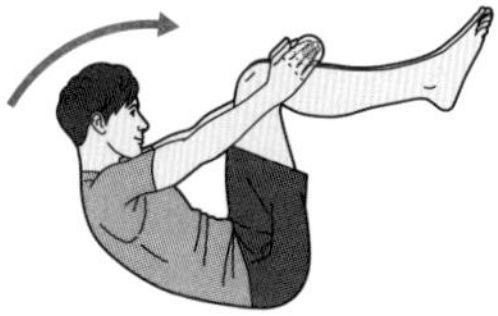

2 息を吐きながら上体をゆっくり起こし、背中を丸めてペットボトルを脚の上に置く

3 お腹に力を入れたまま、ゆっくり上体を倒して元の位置に戻り、再び上体を起こしてペットボトルを取りにいく

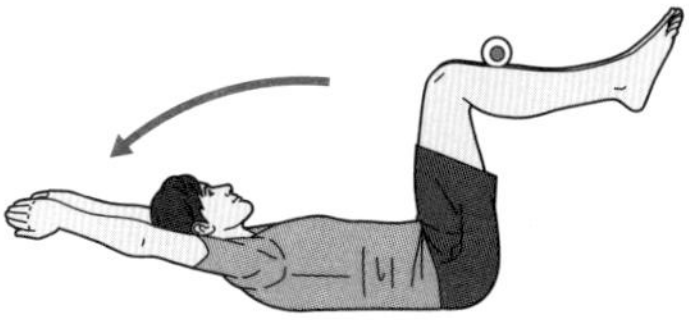

yuri's point

- ▶ 上半身を起こすときはできるだけゆっくり、腕が長いラインを描くように
- ▶ 置いたペットボトルが転がらないよう、骨盤を安定させ、脚をしっかりキープ！
- ▶ 慣れたら、ペットボトルを取りにいく際、ヒザの下にくぐらせる動作を入れると、さらに効果がアップ！

「バタ足スーパーマン」

「背中のシックスパック」をガンガン鍛えて、自信あふれる立ち姿に！

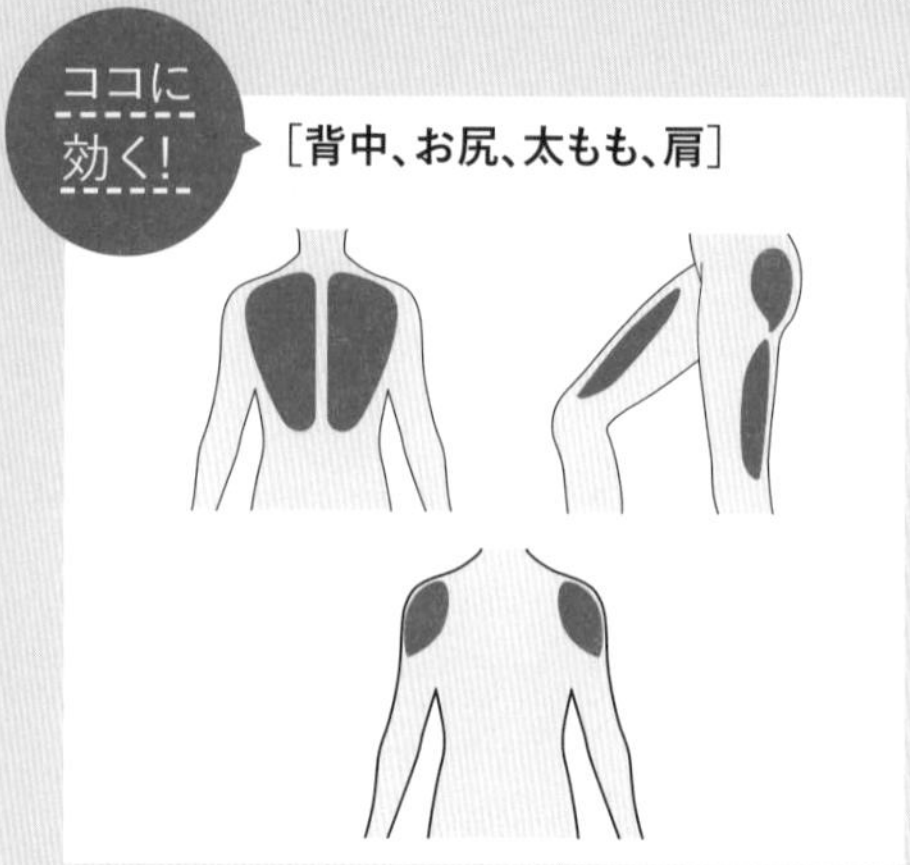

背中の筋肉を広範囲に鍛えることができるトレーニング。「背中のシックスパック」といわれる「脊柱起立筋」や「広背筋」などを鍛えることで、**大きなダイエット効果が得られます**。

続けるごとに背中の筋肉が鍛えられ、贅肉が落ち、シュッとした**カッコいい背中**に！

後ろ姿がカッコいいと歩き方にも自信が出てきて、周囲の印象までガラリと変わります。すると不思議なことに、**内面からも自信がみなぎってくる**のです。

「バタ足スーパーマン」のやり方

時間 ▶ 30秒〜1分

1 ペットボトルを両手に1本ずつ持って、うつ伏せの大の字になる

2 お腹にしっかり力を入れて腕と脚をできるだけ高く浮かせる

3 腕と脚を浮かせたまま、両腕に持ったペットボトルを前で合わせる→大きく広げる、を繰り返す

yuri's point

- ▶ ヒザを曲げずに脚は付け根から、腕は肘を曲げず、肩甲骨から上げる。対角線上に外側へ引っ張られるイメージで
- ▶ ゆりかごをイメージして胸はできるだけ床から離し、高く反る
- ▶ お尻の穴はギュッと締めて！

集中ガチ筋トレ5

▼「ペットボトル・ブルガリアンスクワット」
下半身をより効率的に鍛えるならコレ！
もも筋がメラメラ燃える！

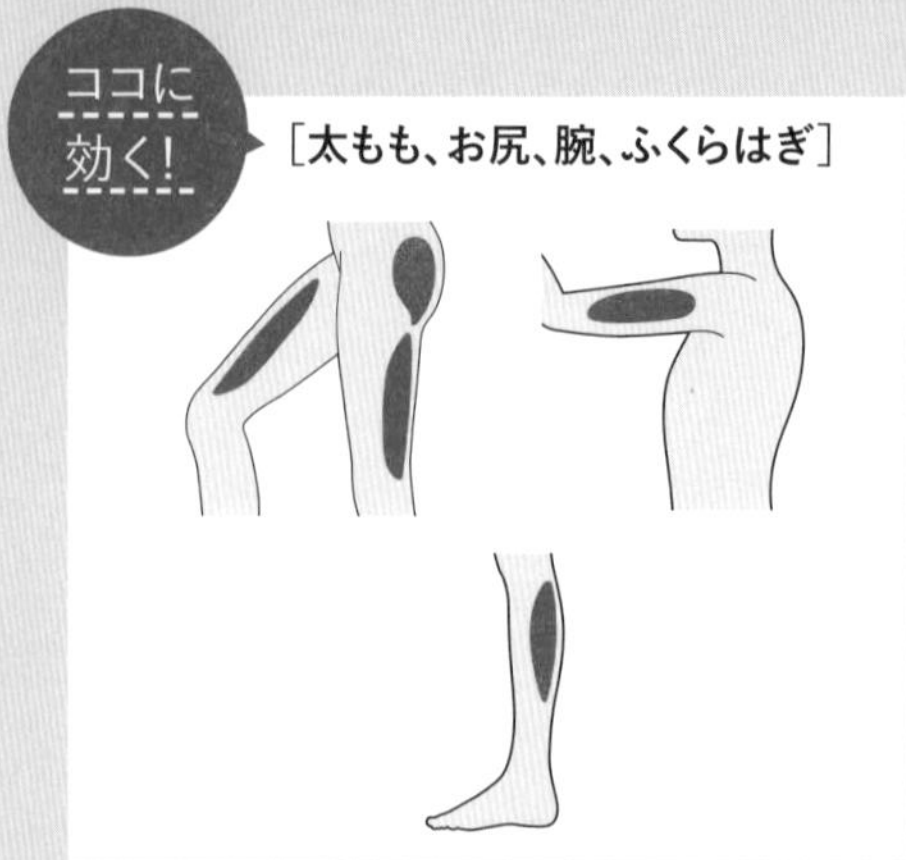

お尻から脚にかけての筋肉を重点的に鍛えることができます。ちょっとキツいですが、**女性は美脚効果、男性なら適度に筋肉がついた引き締まったレッグラインになります**。

ヒップアップ効果もかなり期待できます。また、ペットボトルを持つことで、**二の腕も引き締まります**。

通常のスクワットよりも消費カロリーが高く、**脂肪燃焼効果大！**　お尻や太ももが熱くなるのがわかります。

難しいと感じた人はペットボトルを持たず、腕を胸の前で軽く組んで行ってくださいね。

「ペットボトル・ブルガリアンスクワット」のやり方

回数 ▶ 左右各10回ずつ

1 自分のヒザの高さの安定した椅子を用意します。肩幅くらいに足を開き、ペットボトルを両手に持ち、椅子を背にして前に一歩大きく踏み出す。ヒザは90度に、すねを立てるように。お腹にしっかり力を入れて開始

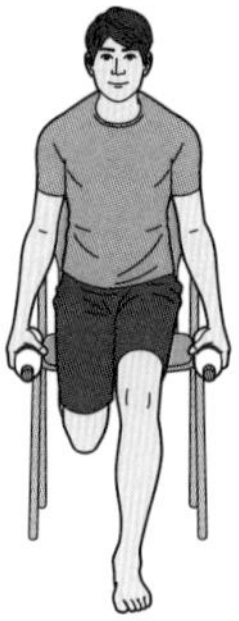

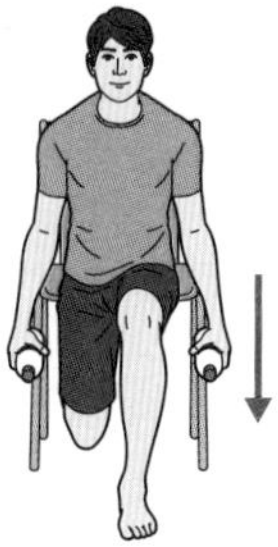

2 片足の甲を椅子に上げ、そのままゆっくりヒザを曲げて腰を落とす（上げている足のヒザが床につくギリギリまで）

3 そのままの姿勢で1～2秒静止し、骨盤を固定したまま元の姿勢に戻る。足を替えて同様に行う

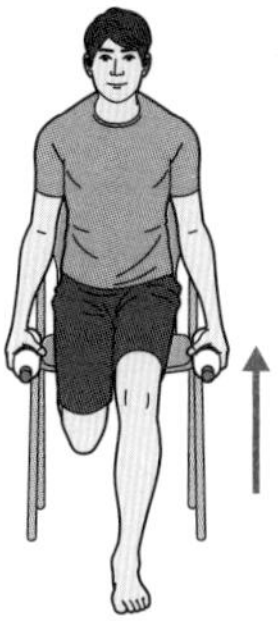

yuri's point

▶ 背中が丸まっていたり、反ったような姿勢だと、腰やヒザを痛めてしまうので注意！　腕～頭～背中～腰まで１本の棒になるようなイメージで

▶ 腰を下ろすときもまっすぐな状態を保ったまま足の裏全体で床を押し、ヒザの位置が左右にぶれないように固定し、お尻の力を使って立ち上がりましょう

安井式トレーニング

「働きながら成功する5つのコツ」

第4章「ゆる筋トレ」、第5章「ガチ筋トレ」を紹介しましたが、筋トレが続かない最大の理由は「時間がとれないこと」です。

私自身、仕事をこなしながら多忙な毎日を過ごす身として、**「いかにトレーニングの時間をつくりだすか、いかに最小限の時間で最大の効果をあげるか」**ということは常に大きな課題です。

ここでは私が編み出した「働きながら成功する5つのコツ」を紹介します。

大事なことはとにかく続けること！

続けることが理想の体になるための唯一の道なのです。

働きながら成功するコツ❶

体に強い負荷のかかるものから始めるより、最初は負荷を軽くし、少しずつ増やしていく

まずはデスクワーク中など、座りながらでもできる**「安井式ブレス（162ページ）」をマスターし、日々の生活の中で習慣づけてください**。

負荷の軽いものをしっかりやって、慣れてきたら、トレーニングの最後に「いちばんここを引き締めたい！」というもので締めるのが、じつは最も効果的できれいに筋肉がつくのです。

働きながら成功するコツ❷

自分がやりやすい時間を見つける

「忙しくて10分の時間も割けない！」という人は、**隙間時間を見つけて、そのときにできそうなメニューをひとつずつでも行ってください**。

朝、昼、夜、トレーニングはいつやっても、たとえ3分であってもOKです。それを1日3回やれば、その日は完了！

足りないと感じたら**週末にまとめてしっかりやってもいい**のです。無理のない範囲で行うことがポイントです。

とにかく、継続することを最重要視してください！

働きながら成功するコツ❸

目標を高く持ちすぎない

かつて、ダイエットにことごとく失敗し続けた私の敗因のひとつは、**目標が高すぎたこと**。

「10キロ減量！」「体脂肪率15％以下！」など、最初から大きな目標を掲げてしまうと、なかなか結果が出せないことに焦って、挫折してしまいかねません。

働いていて自由になる時間が少ない人や、筋トレ初心者の人はなおさらです。張り切りすぎてぐったり疲れてしまい、翌日に響いてしまっては本末転倒です。

まずは無理なく始められる第4章の「超時短ゆる筋トレ」のメニューを、しっかりこなしていくことからスタートしてみてくださいね。

働きながら成功するコツ④

毎日同じパターンで行わず、自分のやりたいものからランダムにやる

トレーニングにある程度慣れてきたら、**その日にやりたいメニューをランダムに行っていきましょう**。

同じパターンばかりでやっていると、体がその動きに慣れてしまい、筋力アップの効果が落ちてきてしまうだけでなく、モチベーションも下がってきます。

仕事やデートも同じですよね。

1週間ごとにメニューを変えるなどいろいろな組み合わせで行っていくと、体だけでなく、気持ちもリフレッシュできますよ！

ただし、いきなりハードなものから始めるとけがの原因になるので、その場合はしっかりウォーミングアップしてから始めてくださいね。

働きながら成功するコツ⑤

「トレーニング×食事の効果」を最大限に活かす

安井式トレーニングでは、「筋肉のビッグ3」を意識して集中的にトレーニングを行うことで、ダイエットと筋トレの効率を上げます。

さらに**トレーニング前にタンパク質のおやつやMRPをとることで、ますます筋育効果が加速**します。

おやつのタイミングは、筋トレの30分〜2時間前。

たとえばその日に帰宅してからトレーニングをする予定なら、会社を出るタイミングで補給しておきます。

手軽に手に入るチキンバーや魚肉スティックなどのコンビニ系おやつ、豆乳、プロテイン、MRPなどでタンパク質の補給をして、筋肉を育て、24時間脂肪を燃焼し続ける体を手に入れましょう！

有酸素運動は必要？　不要？

「安井式では有酸素運動はしないのですか？」

このような疑問を持つ人もいるでしょう。

もちろんジョギングやウォーキングなどの有酸素運動もダイエット効果はあります。適量の運動を行うことで相応のカロリーを消費し、脂肪が燃焼するといわれています。

両方行う時間があるのなら、**筋トレのあと、有酸素運動を行うことで、より高いダイエット効果が得られる**と思います。

ただ、私もそうですが、日々の中でトレーニングにかけられる時間は、どうしても限られます。

時間に余裕がなくて**「有酸素か、筋トレか」**という選択ならば、迷わず**「筋トレ」をおすすめ**します。消費カロリーで考えても、**筋トレのほうが有酸素運動より、はるかにカロリーを消費**します。

また前述のように**筋肉をつけることで代謝が上がり、「24時間ダイエット効果」**が得られます。

有酸素運動ではほとんど筋肉はつかないので、カロリーの消費、脂肪燃焼は、そのときだけのもの。体型を変え、維持するまでには至らず、この「24時間ダイエット効果」も得られないのです。

長い目で見れば、**筋トレで筋肉を育てることで「ダイエットがラクになる」**ということです。つまり、リバウンドしづらく、体重コントロールが容易になることで、「ずっと太らない体」が手に入るのです。

第6章

どんなに忙しくても最短で変わりたい！
【4週間ダイエットチャレンジ！】

安井式食事法+トレーニングで確実にやせる！

あの100キロ超の人気お笑いタレントも20キロやせた！

「4週間ダイエットチャレンジ」完全初公開！

困難を極めた人気お笑い芸人Kさんのダイエット企画

この章では、短期間で体を絞りたいとき、「〇〇日までにやせたい！」という期限のあるときの集中ダイエットプランを紹介します！

第5章までの方法でももちろん十分ダイエット効果はありますが、それをもっと凝縮し、食事とトレーニングを強化したものになります。

これは、もともとテレビ番組の企画から生まれたもの。

テレビのある番組で私が「ドSトレーナー（!?）」として、超人気芸人Kさんをやせさせるという企画にチャレンジさせていただきました。

普段の私はどちらかというとおっとりしていて、ドSキャラでもなんでもないのですが、お相手は119キロという超肥満体、しかも3カ月という時間の縛りがあるという非常に厳しい条件、必死にならざるを得ませんでした。

忙しい人にぴったりの「超カンタンダイエットプログラム」が完成！

結果的に、**Kさんは3カ月という短い期間に、23キロもの減量に成功**しました。

テレビの反響は大きく、放送終了後、私のところには、

「Kさんのダイエット法を詳しく知りたい！」

「あれだけ忙しくて食いしん坊な人がどうやってダイエットできたのか教えてほしい!!」

という声が殺到しました。

改めて見直してみると、このダイエットプランは、**外食が多く、忙しくて時間のない人にとって、これ以上ないぐらいピッタリの内容になっている**ことに気づきました。

私もそうでしたが、通常のダイエットはそれなりの意識づけと、それに向けるエネル

ギーが必要です。仕事が忙しかったり、締め切りやノルマに追われていると、「ダイエットどころではない！」となってしまいがちです。

でも、「これだけやればＯＫ！」という、シンプルで生活の中にラクに取り込めるダイエットならば、とくに意識しなくても続けられるのではないでしょうか。

「本気でやせたい人」必見！ たった4週間で効果絶大なメソッドを初公開！

今回はＫさんが実際に行ったプランを一般の方向けにアレンジし、**4週間で結果が出せる「最強のダイエットプログラム」**として紹介します。

約1カ月、自分を追い込むことになりますが、このプログラムを実行するだけで、**劇的なダイエット効果がある**はずです！

ＫさんとドＳトレーナーＹＵＲＩの、汗と涙の結晶から生み出された4週間ダイエットチャレンジ。みなさん、ぜひ挑戦してみてください！

まずは、次の「基本の５カ条」を頭にたたき込んでいただきたいと思います。

●やせるための基本の5カ条

1　筋肉をつけて消費カロリーを増やす
2　食事でとるカロリーは減らさないで、体脂肪を落とす
3　食べたものの消化吸収を遅らせる
4　食べたものがすぐに体脂肪にならないように、炭水化物を単体でとらない
5　血流をよくしてむくみを減らし、代謝を上げ続ける

次に、目標設定です。

Kさんのダイエットデータ

身長
170センチ

［スタート時］

体重
119.2キロ

体脂肪率
46.7％

↓

［3カ月後］

体重
96.3キロ

体脂肪率
33.8％

3カ月でなんと
23キロ減！

みなさんの４週間後をイメージしてみましょう。

どのくらいやせたいのか、どんな体になっていたいのか、頭の中で思い描きながら、次ページに目標を書き込みましょう。

目標を立てたら、さっそく始めましょう！

※ただし、持病のある方は医師に相談のうえ、行ってください。

4週間後の目標

身長

[　　　　　]センチ

[スタート時]

体重

[　　　　　]キロ

体脂肪率

[　　　　　]%

[目標]

体重

[　　　　　]キロ

体脂肪率

[　　　　　]%

[目標の立て方]

▶「絶対○○キロやせる！」など、数値で追いかけるより、具体的にどうなりたいかをイメージすると成功しやすいです。たとえば、「おしゃれな服が着たい！」とか、周囲から「若く見えますね」「キレイになったね」「カッコよくなったね」などと言われたい、「自分に自信をつけたい」などでも大丈夫です。

▶1日ごとの目標ではなく、週単位の目標を立てていくとリカバリーしやすいのでおすすめです。

1週目

安井式 4週間ダイエットチャレンジ

最強のプログラムスタート！ 悪習慣を断つ！ 生活習慣を見直す「プレ減量」WEEK！

まず1週目は、**いままでの生活習慣を見直し、悪習慣を断ち切る**ことを目標とします。安井式食事法とトレーニングを本格的に取り入れていくための**準備期間**です。

いきなり食生活を変えようとしたり、いままでまったく運動をしていなかった人が急激なトレーニングを始めたりすると、途中で挫折したり、反動で以前より太ってしまったりします。

無理せず、できることから始めていきましょう。

1週目の目標

●いままでの「悪い習慣」を断ち切る

「食べないダイエット」や「糖質カットダイエット」など**無理な食事制限をしてきた人は、まずこれをやめることから始めましょう。しっかり食べて燃やす、「食べまくりダイエット」に切り替えを。**

●「分食」に慣れる

食事の回数を1日3～4食、プラス1日2回の間食に。

まずは**いまとっている食事を細かく分けること**から始めましょう。

●生活習慣を見直す

普段運動をしていない人は、階段を多く使ったり近所を散歩したり、**毎日の生活習慣の中で、できるだけ足腰を鍛える意識を持ちましょう。**

1日の食事メニュー例

	メニュー	ワンポイント
食事1（朝）	サラダチキン1個、おにぎり1個、サラダ	きのこ、海藻、葉野菜はどれだけ食べてもOK！ドレッシングに注意！
食事2（昼）	サラダチキン1個、おにぎり1個、サラダ	サラダはかぼちゃ、イモ類、アボカド、にんじんなど「GI値」の高い野菜をなるべく避ける
食事3（夕方）	サラダチキン1個、おにぎり1個、サラダ	
食事4（夜）	刺身、大盛りサラダ	夜は刺身などお魚系にするといい
間食1	ゆで卵2個（半熟ではなく固ゆでの卵を！）	固ゆでのほうが消化に時間がかかり、腹持ちがいい
間食2	MRP豆乳割り	甘いものが食べたくなったらMRPを！
トレーニング前	ホットブラックコーヒーを多めにとる	カフェインは脂肪燃焼効果あり
トレーニング中	緑茶または番茶	カテキンで脂肪燃焼！
トレーニング後	皮付きりんご、MRPまたはプロテイン	タンパク質を補給することで筋肉アップ

トレーニングメニュー

●朝30分早く起きる

●朝ごはんを食べる前に、ウォーキングを20分（またはひと駅分歩いてから電車に乗る、目的地からひとつ前の駅で降りる、などでもＯＫ！）

●1日トータルで1時間以上歩く

●できるだけエレベーターではなく、階段を使う

●ウォーキングなどの有酸素運動はできるだけ空腹時に行う（これは、すべての週に共通）

目標達成のコツ

1週目

▼回数を多くする分、1回の食事量は少なめになります。最初は「物足りない」と思うかもしれませんが、すぐに慣れてきます。**甘いものが食べたいなら、トレーニング後のご褒美に**。ただし、脂質の少ない和菓子にしましょう。

▼いきなりハードなトレーニングは行いません。まずは「いままでより多く歩くこと」を意識するなど、**生活習慣を変えることから始めましょう**。

安井式 4週間ダイエットチャレンジ

2週目

食生活を野菜中心にシフト&本格的な筋トレスタート!

2週目は、食事法を完全に安井式にシフトし、本格的にトレーニングを開始します。

食事は野菜やタンパク質を中心に、納豆やキムチなどの発酵食品などをしっかりとり腸内環境を整えていきましょう。

炭水化物の摂取可能時間帯を朝~昼の間と決めて、夜はとらない習慣をつけましょう。

トレーニングは筋肉をつけるため、負荷を上げていきます。

2週目の目標

●野菜を意識してしっかりとる習慣をつける！

ブロッコリー、セロリ、アスパラガス、キャベツ、赤パプリカなどがおすすめ。

豆腐などの豆類、舞茸などのきのこ類も取り入れましょう。

●食べる順番を意識する！

血糖値を急上昇させないためにも、**最初は野菜など食物繊維の多いものから食べはじめ、次にメインの肉や青魚などのタンパク質、最後に主食となる炭水化物**、と順番を意識して食べましょう。

●トレーニングは負荷を上げていく！

2週目は少しずつ慣らしながら負荷を上げていきます。

1日の食事メニュー例

	メニュー	ワンポイント
食事1(朝)	サラダチキン1個、おにぎり1個、サラダ、キムチ	発酵食品を意識してとる
食事2(昼)	サラダチキン1個、おにぎり1個、サラダ、ミックスビーンズ	
食事3(夕方)	サラダチキン1個、おにぎり1個、サラダ、豆腐	
食事4(夜)	刺身、サラダ、納豆	お酒、糖質の高いフルーツ、イモ類、ご飯などの炭水化物は控える
間食1	ゆで卵2個(できるだけ固ゆでで)	腹持ちのいい固ゆでがおすすめ
間食2	MRP豆乳割り	甘いものが食べたくなったらMRPを!
トレーニング前	多めのホットブラックコーヒー	カフェイン摂取!
トレーニング中	緑茶	カテキン摂取!
トレーニング後	MRPまたはプロテイン、りんごやキウイフルーツ	リンゴ酸、クエン酸で疲労回復

トレーニングメニュー

●階段ダッシュ（通勤中、外出先など、隙間時間で行う。全部で10分間くらいが理想）

●ゆっくり自重スクワット30回

「ゆっくり自重スクワット」のやり方

❶両足は肩幅、つま先は60度に開く。両腕は胸の前で交差させ、背筋をまっすぐに

❷体の軸を保ったままヒザをつま先方向へ開きながら、お尻をかかとにつけるイメージで骨盤を下に下ろす

❸かかとを浮かさず足の裏全体で地面を踏み、立ち上がる。❶〜❸を繰り返す

目標達成のコツ 2週目

▼コンビニのサラダに飽きてしまった、あるいは外で野菜をとりづらいという場合は、128ページで紹介している**「ジップロック弁当」**を持参するのもいいでしょう。

▼階段ダッシュはできるだけ速く、いっきに駆け上がります。状況的にダッシュが難しい場合は、**「なるべく階段を使う」「なるべく速く駆け上がる」を意識するだけでも全然違いますよ！** ただし、ケガをしないよう気をつけて行ってくださいね。

安井式 4週間ダイエットチャレンジ

3週目

プログラム折り返し地点は、脂肪をつけずに筋肉を育てる！ 1日のスタート、朝食の質にこだわる！

プログラム中盤、3週目のテーマは「朝食」です。

「食べまくりダイエット」の超基本⑦（98ページ）でも述べましたが、朝食はとても重要！ **1日のスタートに何を食べるかによって、その日の成果が大きく変わってくるか**らです。

また、**毎朝決まった時間に起きることで体内時計が整い、太りにくい体になります**。余裕を持って、できるだけ栄養バランスのとれた食事を心がけましょう。

Kさんのように外食が多く、「朝食をつくっている時間がない！」という人は、「1日の食事メニュー例」にどれか1〜2品増やすだけでもいいでしょう。

3週目の目標

●3週目のテーマは「朝食」！

前ページでも述べたように、太りにくい体づくりのためには、朝ごはんでいかにバランスよく完璧な食事をするかが大きなポイントです。

朝食で低脂肪、高タンパク質、「低GI値の糖質」をしっかりとる習慣をつけていけば、「お腹が減った！」という感覚をブロックすることができますよ。

●トレーニングは2週目を継続！

トレーニングに体が慣れてくるころ。

「ちょっと足りないかな？」と思ったら、回数や時間を増やしましょう。

1日の食事メニュー例

	メニュー	ワンポイント
食事1（朝）	サラダチキン150グラム、おにぎり1個、サラダ（またはMRPに置き換え）	ドレッシングに注意！
食事2（昼）	サラダチキン150グラム、おにぎり1個、サラダ	
食事3（夕方）	サラダチキン150グラム、おにぎり1個、サラダ	
食事4（夜）	チキン150グラム、炭水化物なし、サラダ、納豆	
間食1	ゆで卵2個（固ゆで）炭水化物なし	夜にかけては炭水化物を減らす
間食2		
トレーニング前	多めのホットブラックコーヒー	カフェイン摂取！
トレーニング中	緑茶	カテキン摂取！
トレーニング後	MRPまたはプロテイン、りんご	

トレーニングメニュー

●階段ダッシュ、5往復を1セット（出先の隙間時間などで行う）
●ゆっくり自重スクワット30回
●トレーニングの負荷を上げていく
（たとえば、安井式「ゆる筋トレ」（第4章）を「ガチ筋トレ」（第5章）にするなど）

目標達成のコツ

3週目

▼**朝、タンパク質の多い食事（1食につき20グラム程度）に切り替えると、そのあとにお腹が空かないことを実感できる**と思います。「おやつを食べたい！」という衝動も格段に減りますよ！

▼「今日はトレーニングができなかった」「少ししかできなかった」という日があっても大丈夫。**翌日からまた再開すればいい**のです。**継続することが大事**です！

▼どうしても朝食に時間を割けない場合は、ＭＲＰやプロテインなどを用いてもＯＫです。

安井式 4週間ダイエットチャレンジ

4週目

いよいよラストWEEK!筋トレを「生活習慣」にして、もっと「燃える体」に!

ついにプログラム最終週です!

いままでがんばってきたことの総仕上げです。

ここまでくると、自分の体のラインや体調が変わってきたのを実感していただけると思います。**さらに筋肉を育て、ボディラインに磨きをかけていきましょう**。

この**ラスト1週間で仕上げておくかどうかで、この先理想の体を保てるかどうかが決まってきます**。

ここでは、安井式食事法とトレーニングを習慣化し、**食べても太らない、「燃焼し続ける体」をつくり上げましょう**。

4週目の目標

●安井式食事法を習慣づける

「低脂肪、高タンパク、炭水化物（低GI値）」の3大栄養素がとれているかどうか、毎食考えるクセをつけましょう。

●トレーニングを生活の一部に組み込んでいく

このころになるとトレーニングしないと「物足りない」「落ち着かない」というくらい、トレーニングが生活の一部になってきていると思います。

この習慣を身につけ、**ダイエットチャレンジ終了後も、ぜひ続けていきましょう！**

1日の食事メニュー例

	メニュー	ワンポイント
食事１（朝）	サバ缶1缶、おにぎり1個 サラダまたはMRPに置き換え	
食事２（昼）	サラダチキン150グラム、おにぎり1個、サラダ	ドレッシングに注意！
食事３（夕方）	サラダチキン150グラム、おにぎり1個、サラダ	
食事４（夜）	刺身、納豆、キムチ、サラダ	
間食１	ゆで卵２個	固ゆでがおすすめ！
間食２		
トレーニング前	多めのホットブラックコーヒー	カフェイン摂取！
トレーニング中	緑茶	カテキン摂取！
トレーニング後	ＭＲＰまたはプロテイン、りんご	

トレーニングメニュー

●ゆっくり自重スクワット30回
●階段ダッシュ5本（1フロア分を1本とする）
●「ガチ筋トレ」のペットボトルの負荷を上げる
（たとえば、500ミリリットル→1リットルに）
●トレーニング後、さらに有酸素運動30分（ウォーキング、ジョギング、水泳など）

目標達成のコツ

4週目

▼野菜＋発酵食品、タンパク質中心の低GI値を意識した安井式食事法がまだ身についていない人は、この週までに完全に習慣づけましょう。一度身につければ、今後、**体重コントロールが容易になります。**

▼いままでのトレーニング＋負荷を上げて、もっともっと「燃える体」に！

さらに続けることで、24時間「燃える体」に！

みなさんの結果は、いかがでしたでしょうか？

成果の出た人も、「思うように成果が出せなかった」という人も、**ここまで続けることができた自分を、まずほめてあげましょう！**

この先も諦めずに少しずつでも続ければ、必ず効果が出てきます。

大事なことは「食事（食べまくりダイエット）」と「トレーニング（ゆるガチ筋トレ）」を常に意識し、生活に組み込んでいくこと。

これをいったん習慣化すれば基礎代謝が上がり、私の「オフ」のときのようにちょっと（かなり）ハメを外しても、すぐに元に戻ることができるようになります。

この先、「外食が続いてしまった」「トレーニングを怠けてしまった」というときも、そこからまたこのプログラムを始めればいいのです。

続ける人に、ダイエットの女神は必ず微笑みます！

特別付録①

コンビニ、外食もOK！
安井友梨の「絶対！ おすすめ食ランキング」

忙しいときの強い味方、コンビニエンスストア。

いままで選んでいたものをちょっと意識して変えるだけで、優秀なダイエットミールになります。

また私が大好きなおでんも、タンパク質、野菜、炭水化物をバランスよくとれるスグレモノ！　おでんはコンビニでも買えるし、居酒屋さんなどのメニューにもあるので、ダイエット時の強い味方になります。

ここでは、コンビニで買えるダイエット食をランキング形式で紹介します！

YURI's recommendations①

忙しい日のヘビロテ！ コンビニ食 ランキング

1位 ゆで卵

卵は高タンパク、低脂質。どこでも食べられるし、携帯も可能。ナンバーワンダイエットフードといっても過言ではありません！　ただし、脂質の多い黄身は2個まで。

2位 サラダシーチキン

手軽にお魚が摂取できるサラダシーチキン。これも高タンパク、低脂質。「最近魚が足りてないな」というときは即コレです。

3位 サバ缶（水煮）

EPA、DHAの宝庫。缶をポンと開けてそのまま食べられるのもうれしい。私もオフィスと自宅に常備していて、朝ごはんに、ランチにと頻繁に食べています。

4位 サラダチキン

これも高タンパク・低脂質の王道食品。最近では味のバリエーションも豊富になっているので、選ぶのも楽しいです。

5位 高タンパクヨーグルト（「イーセイ スキル」「オイコス」など）

高タンパク・低カロリーのヨーグルトは仕事中のおやつにぴったりです。

6位 シンプルな野菜サラダ（+ノンオイルドレッシング）

コンビニのサラダはびっくりするほど種類豊富。私は常に2個買いします。卵や蒸し鶏などの、タンパク質も一緒にとれるものを。

7位 おでん

ローカロリーで、これだけで1食になる、ダイエット中のお助け食品。次ページで紹介している具材がおすすめ！

YURI's recommendations②

高タンパク質の宝庫！ おでんの具 ランキング

1位 とりむね串
これ1本でタンパク質12.8グラム、わずか64キロカロリーとおでんの具の中でも最強！　私は毎回必ず2本食べます。

2位 卵
卵がいかにダイエット向け食品であるかはすでにお伝えしました。おでんの卵は食べ応えがあるので、私もコンビニでおでんを買うときは必ず入れます！

3位 つみれ
おでんのつみれは魚が手軽にとれるのがうれしいですね。私もつみれは大好きで、おやつに食べることもよくあります。

4位 大根
低カロリーで食物繊維も摂取できます。食べ応えがあって、お腹が満足できるのもうれしい。私はコンビニではいつも2個食べます。

5位 昆布
食物繊維たっぷりでかつミネラル豊富。普段の食生活であまり海藻類をとらないという人は、ここぞとばかりに食べてください！

6位 しらたき
食物繊維豊富で低カロリー！　たくさん食べてもOKなので、大食いさんのお助け食品です。

7位 牛すじ、ロールキャベツ
肉系のものを加えて、タンパク質を摂取！

【おでんを食べるときの注意点】汁を飲まないこと！（汁を飲むと塩分をとりすぎてしまうため）

YURI's recommendations③

飲み会でも失敗しない！ 居酒屋メニュー ランキング

1位 **刺身**（マグロ、タコ、イカ、アジ、サーモン）
刺身は最強の居酒屋フードです。
食物繊維が豊富で、満腹感が得られるつまも食べるのがおすすめです！

2位 **カツオのたたき**
ニンニク、生姜、ねぎ、わさびの薬味も必ず食べましょう。
代謝アップに貢献してくれます。

3位 **焼き鳥**（砂肝、ささみ、むね肉、レバー、ハツ）
良質のタンパク質がとれます。タレは糖質が高いので、必ず塩で。
レモンをかけてもいいでしょう。

4位 **ローストビーフ**（牛赤身肉）
低温調理、高タンパク、低カロリーでダイエットにぴったりのメニュー。

5位 **枝豆**
タンパク質、食物繊維が血糖値の上昇を抑えます。お酒を飲む前に。

6位 **卵料理**
煮卵は消化に3時間、だし巻き卵は1時間。腹持ちバツグン！

7位 **納豆**
睡眠中に働く成長ホルモンを活発にさせ、代謝をアップしてくれます。

8位 **鍋料理**
野菜や肉、魚をバランスよくとれる鍋料理はダイエットに最適です。

9位 **大根おろし**
脂肪の分解を促進するので、唐揚げなど脂分の多いものと一緒に。

10位 **海藻サラダ**
食物繊維が豊富で低カロリー、塩分の過剰摂取をリセットしてくれます。

右は、居酒屋など、飲み会でぜひ食べたいメニューランキングです。

居酒屋のメニューでは避けるべきものもある一方、ぜひとってほしいメニューもじつはたくさんあります。

主にタンパク質や食物繊維を多く含むものなど、ダイエットや筋育に最適なものを意識してとることで、無理に食べる量を減らすことなく過ごせるのです。

これらは**食べ応えがあって腹持ちがいい**のも、うれしい点ですよね。

ただし、シメの炭水化物はちょっとガマン！

外食するときのコツ

外食やお付き合いの飲み会は、ダイエットに大ダメージを与えかねません。脂質や塩分の多い食べ物を食べ、お酒を飲むことで開放的になり、食に対する自制心がなくなるのも怖いですよね。

とはいえ、**週に一度のチートDAYは、心のケアにもなり、重要な日。**次のコツをつかんで、心おきなく食事を楽しみましょう！

❶お酒は焼酎、ウイスキー、ハイボールを

焼酎やウイスキーなどの蒸留酒は糖質を含まないので太りにくいです。

❷炭水化物は控え、まず食物繊維から食べはじめる

最初は野菜や海藻などの食物繊維を口にしてから、肉や魚を。コース料理を食べるように食べる順番を意識し、ご飯ものや麺類は、できるだけ避けるのが無難です。

❸タンパク質の味付けはシンプルなものを

タンパク質は外食でも必ずオーダーします。そのときも、焼き鳥ならタレより塩、ハンバーグも醤油ベースの和風ソースを選ぶといいでしょう。

❹調理法に要注意！

「蒸し・ゆで◎→焼き○→煮る△→炒め・揚げ×」の順で考えましょう。

❺遅い時間（午後10時〜午前2時）には食べない

この時間帯は体が脂肪をため込むピーク。飲食は就寝の4時間前までに。

特別付録②

安井友梨オリジナル！「代謝アップしまくりレシピ」

ここでは、私がいつもつくっているダイエットに欠かせないレシピを紹介します。

私は決して料理が上手いほうではないし、平日は会社とジムの往復でゆっくり調理する時間はとれません。いつも週末にまとめてつくりおきをしています。それも、時短やつくりおきなど、忙しい人にぴったりのレシピばかりです。

だから、ここで紹介する料理は、**日ごろ料理をしない人でも気軽につくっていただけると思います**。そして、味にも自信があります！　なんといっても自他ともに認める無類の食いしん坊ですから。

試行錯誤した末にたどり着いた、普段の食事のルーティンになっているものを、ピックアップして紹介します。

代謝アップしまくりレシピ❶

栄養バランスも食欲も満たす!

「満足度120%! MRPベリーパフェ」

毎日欠かさない、大々好きなパフェ。

朝、これを食べておけば、その日1日甘いものを食べたいという欲求が起こりません。

そして**ベリー類は、フルーツの中でも低糖質、低カロリー、高ポリフェノールの代表選手!** 抗酸化作用が高く、細胞の修復にも役立ちます。水溶性の食物繊維も豊富に含まれていて、ダイエットにぴったりの食材。

ほんのり甘いMRPとの相性は抜群です。

私は忙しい朝や、食べすぎた日の翌日など、1食をこれに置き換えています。

普通に豆乳にパウダーを混ぜ、溶かして飲んでもいいのですが、ミキサーにかけることで空気が入ってフワフワのパフェになります。私はこれをスプーンですくって食べます。

スプーンを使って味わうことで、見た目もお腹も、より満腹感が得られますよ!

レシピ

栄養バランスも食欲も満たす！

満足度120%！ MRPベリーパフェ

材料

- ●MRP ―― 35g
- ●豆乳 ―― 140mℓ（無調整がおすすめ）
- ●苺、ブルーベリーなどのベリー類（冷凍でもOK） ―― 適宜

（ほかには、キウイフルーツやパイナップルなどを入れるのもおすすめです！）

つくり方

すべてをミキサーにかけ、トッピングにそのままのベリーやフルーツをのせれば、できあがり！

代謝アップしまくりレシピ❷

食べすぎ・飲みすぎの翌日の救世主！

「究極のむくみとりジュース」

これは私の**むくみ解消のための奥の手**です。

「食べすぎてしまって、翌日むくみがすごい！」などという朝や、チートDAYの翌日などに、つくって飲みます。

むくみは「塩分過多」で起こるといいましたが、これを解消するにはカリウムが必要。カリウムがナトリウムと結びついて、体外に排出されるからです。

このカリウムを豊富に含む野菜、なかでも**ほうれん草**、**パセリ**、**セロリが「3大むくみとり野菜」**です。

これに、カリウムを豊富に含む果物、**アボカド**や**キウイフルーツ**などを入れると飲みやすくなります。

レシピ

食べすぎ・飲みすぎの翌日の救世主！

究極のむくみとりジュース

材料

● ほうれん草、パセリ、キュウリ、セロリ、小松菜、ケールなどのむくみとり野菜、アボカド、キウイフルーツなどの果物

つくり方

材料をミネラルウォーターとともにミキサーにかける。

※青臭さが気になる人は、りんごやレモン汁を入れましょう。

代謝アップしまくりレシピ❸

体の老廃物を速攻リセット！

「デトックス！　ブロッコリースープ」

すでに述べたように、**ブロッコリーは野菜の中でもタンパク質が豊富なアスリートフードのひとつ**です。わたしはほぼ毎日食べています。

ブロッコリーに含まれる**食物繊維は整腸作用もあるので、お肌もピカピカに**。女性にもうれしい食材です。

また、豆乳に含まれる良質なタンパク質とブロッコリーに含まれるビタミンCは体内でのコラーゲンの合成を促し、ゆで汁を一緒にいただくことで、**加熱によって失われやすいビタミンを効率よく摂取できます**。

ブロッコリーの栄養をまるごと取り入れられる究極のスープ、ぜひ試してみてください！

レシピ

体の老廃物を速攻リセット!

デトックス！ブロッコリースープ

材料（つくりやすい分量）

●ブロッコリー —— 1株
●昆布 —— 10cmくらい
●水 —— 200㎖
●無調整豆乳 —— 100㎖
●塩・こしょう —— 適宜

つくり方

①ブロッコリーの軸の部分は皮を剥き、すべて薄切りにする。葉先の部分は、細かくほぐしておく。

②鍋に水と昆布を入れ沸騰させ、ブロッコリーの軸の部分を入れ、柔らかくなるまで5分くらいゆでる。

③葉先の部分を加え、さらに30秒ゆでる。

④昆布を取り出し、残りをすべて熱いうちにゆで汁ごとミキサーへ入れる。

⑤豆乳を注いで、塩・こしょうをし、一緒にミキサーにかけて完成!

※夏は冷蔵庫で冷やしていただくのがおすすめです。

代謝アップしまくりレシピ❹

ミネラルたっぷり！

「筋肉が喜ぶ馬肉バーグ」

あらゆる肉を試してきた私ですが、その中でも**馬肉は最強**です。

135ページでも述べましたが、**馬肉は豚肉や牛肉と比べてカルシウム、鉄分が豊富。それでいてほかの食肉と比べると脂肪分が少なく、カロリーは半分以下という超優秀食材**です。しかも**筋肉増強、抗酸化作用の高いカルノシンも豊富**に含まれています。まさに、**アスリートのための食材**なのです。

馬肉の食べ方はいろいろありますが、私がいまいちばん気に入っている馬肉のハンバーグを紹介します。

私はこれをつくりおきして、出かけるときはジップロックなどの保存用袋にいくつか入れて持ち歩いています。

そして、仕事の合間などにパクリ。これでタンパク質の補給は完了です！

レシピ

ミネラルたっぷり！

筋肉が喜ぶ馬肉バーグ

材料（つくりおき用、約6個分）

- ●馬肉のミンチ ―― 200g（塊などの場合、包丁で細かくたたく）
- ●ゆで小豆（無糖。市販でもOK） ―― 200g
- ●玉ねぎ ―― 1個（約200g）
- ●トマト ―― 中3個（約400g）
- ●ニンニク ―― 3かけ
- ●オリーブオイル ―― 大さじ1
- ●チリパウダー（お好みで量を調節してください） ―― 大さじ1〜3
- ●塩 ―― 適宜

つくり方

①フライパンにオリーブオイル大さじ1、みじん切りにしたニンニクを入れ、香りが出るまで軽く炒める。

②みじん切りにした玉ねぎを炒める。

③チリパウダーを入れよく炒めたら、馬肉のミンチと1cmの角切りにしたトマトを入れさらによく炒め、塩を入れ汁気がなくなるまで煮詰める。

④食べやすい大きさにまとめておく。

※冷蔵で2〜3日、冷凍すれば3週間ほど保存できます。

代謝アップしまくりレシピ⑤

食欲がないときも、タンパク質を切らさない！

「プリプリねぎ蒸し鶏」

高タンパク、低脂肪の鶏むね肉はダイエットに欠かせない食材。

コンビニのサラダチキンもおいしいけれど、自宅でも簡単に調理できます。多めにつくって、冷凍保存すると便利です。

食べるときは自然解凍してくださいね。

【おすすめちょい足しレシピ】

レモンの輪切りを鶏肉と一緒にジップロックなどに入れてそのまま冷蔵庫で保存すると、クエン酸の効果でミネラル補給や疲労回復効果が上がり、さっぱりといただけます。

レシピ

食欲がないときも、タンパク質を切らさない！

プリプリねぎ蒸し鶏

材料

- ●鶏むね肉 —— 1枚(約200g)
- ●ねぎ —— 1/2本(青い部分を含む)
- ●しょうが —— 1かけ
- ●ごま油(またはオリーブオイル) —— 大さじ4～5
- ●塩・こしょう —— 適宜

つくり方

①鶏むね肉の皮や余分な脂は取り除く。

②ジップロックに鶏肉、ねぎ(青い部分)、しょうが1/2かけ分、ごま油大さじ1を入れて揉み込み、空気を抜いてしっかり密封する。(またはオリーブオイル)

③鍋(鶏肉が完全にかぶるような大き目のもの)でお湯を沸騰させ、火を止める。すぐに②をジップロックごと入れて中心に火が通るまでそのまま約30分間放置し、低温調理する。

④残りのしょうが・ねぎ(白い部分)をみじん切りして、ごま油(またはオリーブオイル)大さじ3～4、塩・こしょうと混ぜ合わせておく。

⑤鍋からジップロックを取り出し、塩小さじ1を入れて少しなじませたら完成。

⑥食べやすいようにカットし、④のタレをかけていただく。

代謝アップしまくりレシピ❻

サラダにもお肉にも合う燃焼系万能ソース！

「超代謝アップ！　サルサソース」

私の食生活になくてはならない、「代謝アップしまくり」のおいしくてヘルシーなサルサソースです。

お肉にも魚にも、そのままサラダとしても食べられます！
食べている最中から汗がダラダラ流れるほどの代謝アップを実感していただけます。
私はいつも週末に大量に1週間分つくりおきし、1週間で使い切ります。

【つくり方のポイント】

黒酢、オリーブオイル、レモンは、すぐに瓶に入れてもいいし、食べるときにかけてもOKです。

レシピ

サラダにもお肉にも合う燃焼系万能ソース！

超代謝アップ！ サルサソース

材料

●赤パプリカ、パクチー、パセリ、セロリ、青唐辛子、トマト、玉ねぎ、ケールなど
—— 適宜
●生姜、ニンニク —— 適宜
●オリーブオイル、黒酢（お好みで） —— 適宜
●レモン —— 1個
●塩・こしょう —— 適宜

つくり方

①材料の野菜をすべてみじん切りにする。

②順番に瓶に詰め、オリーブオイル、黒酢を入れる。

③レモン1個を全体に搾って完成！

理想の体に近づくためにモチベーションを持続する

「あなたとYURIの7つの言葉」

1 カッコいい体づくりは、いまスタートしたばかりです。焦らず無理せず自分の歩幅で一歩ずつ進んでいきましょう。

2 仕事上のお付き合いがあるから仕方がない？「暴飲暴食」をしたくなった？たったひとつしかないあなたの体を、どう扱うかはあなた次第です。

3 あなたの心の中にいるトレーナーを信じてください。

4

「がんばってもやせない」「変化が感じられない」というときには必ず理由があります。いま一度自分を振り返り、生活を見直すこと。

5

たとえ、誘惑に負けた日があっても、そんな自分を責めつづけないで。そこからもう一度スタートすれば、必ず取り戻せます。

6

今日という日は人生において二度と来ることはありません。今日を大切にできない人は、最高の明日を迎えることはできません。

7

苦しいときもあるでしょう。でも、そんなときは「もうちょっとだけがんばってみよう」と思ってみてください。ほんのちょっと、昨日よりほんの少し進めれば、それでいいのです。

おわりに
「無限の可能性」を信じて

最後までお読みいただき、ありがとうございました。

「はじめに」や序章の「安井友梨ストーリー」でも述べたように、私はもともと、何の取り柄もない**「大食いぽっちゃりヘタレOL」**でした。

その私が30歳を過ぎてからビキニフィットネスを始めたことで、本当に夢にも思わなかったほどに、人生が激変しました。

JBBFオールジャパン・ビキニフィットネス選手権大会で5連覇を達成することができ、**世界フィットネス選手権大会にも出場**させていただき、最高成績は**世界4位**になりました。また全国でセミナーを開催し、こうして本を出版して、みなさんに「安井式メソッド」をお伝えする機会にも恵まれました。

私には幼いころから何かに飛び抜けて秀でた「才能」があったわけでもなく、誰もまねできないような努力をし続ける「努力家」だったわけでは決してありません。

そんな私が人生を変えられたのには、ちょっとだけ理由があります。

それは**「毎日、昨日の自分より、ほんの一歩だけ前に進もう」**と決めたことです。

30歳を過ぎてから出会った、この発想の転換が、私にとって大きな転機となりました。

最初から壮大な目標を立てたり、人と比べて競ったりして無理にがんばっても、継続が難しいし、挫折にもつながりかねません。

そうではなく、**自分の歩幅で「一日一歩」を毎日進み続ける**こと。

半歩でもなく、二歩でもなく、一日一歩。

人と比べるのではなく、昨日の自分より一歩だけ前に進むのです。

そして、**それを継続させていく**こと。

何も特別なことはしていない。このシンプルな積み重ねを続けただけで、「自分と未来」を変えることができたのです。

「小さなゴールテープを毎日切り続ける」これこそが目標を達成する最大のコツだと思います。その先に未来があります。**誰でも、いつからでも、「自分と未来」は変えられる**のです。

競技を始めてからここまでの道のりを振り返ると、まさに山あり谷ありで、悲しみに暮れる涙も、感動に心揺り動かされた涙も、どんなに手で拭っても拭い切れないほど、たくさん流してきました。

でもそんなときは、いつも私を優しく支えてくれた大切な人たちの存在がありました。大切な人、それは家族であり、親しい友人であり、仕事仲間であり、私を応援してくださるみなさまでもあります。

多くのみなさまの支えの力が、いま私が進むべき次の一歩までも、まるで**「道しるべ」**のごとく、明るく照らしてくれています。

この「道しるべ」を心の頼りに、一日一歩進み続ければ、いままで想像もできなかったほどの幸せな未来が待っていると確信しています。

いちばん重要なのは、**「できるかできないかではなく、やるかやらないか」**。ただ自分を信じて挑戦すれば、その先の未来には、誰でも**「無限の可能性」がつかめる**のです。

さあ、目の前にある、「無限の可能性」の扉を開け、ここから、記念すべき一歩を踏み出し、私と一緒に、**「自分と未来は変えられる」**ことを証明しましょう！

最後に、この本が生まれるきっかけをくださった東洋経済新報社の編集チームのみなさま、編集者・田中順子さま、この本をつくるにあたりお世話になった多くの方々に御礼申し上げます。

そしていつも応援し、見守り、支えてくださるみなさま、本当にありがとうございます。これからもよろしくお願いいたします。

この本との出会いが、みなさまにとってすばらしい明日との出会いにつながれば、本当にうれしいです。

2020年7月

安井友梨

[監修]

松久 貴晴（まつひさ・たかはる）

医学博士。

2010年和歌山県立医科大学卒業、2019年名古屋大学大学院医学系研究科総合医学専攻修了。

名古屋第一赤十字病院、新城市民病院、武蔵国分寺公園クリニックなどを経て、名古屋大学医学部附属病院 総合診療科病院助教、医療法人 松久医院副院長。

2018年第9回日本プライマリ・ケア連合学会日野原賞受賞。

日本プライマリ・ケア連合学会家庭医療専門医・指導医、日本内科学会総合内科専門医。

[トレーニング監修]（第4章・第5章）

髙西 文利（たかにし・ふみとし）

株式会社マルヤジム会長、プロ野球福岡ソフトバンクホークス・トレーニングアドバイザー。法政大学卒業。

三菱重工長崎硬式野球部、プロ野球福岡ソフトバンクホークスなどで筋力トレーニングの指導にあたる。長崎県スポーツ協会スポーツ医・科学委員。

1991～1996年全日本ボディビル選手権ミドル級優勝、1992年アジアボディビル選手権優勝、1993年ワールドゲームス世界第6位（日本人初出場）。

著書に『筋力強化の教科書』（東京大学出版会、共著者：石井直方、柏口新二）がある。

Special Thanks（敬称略）

川口絹子　川口真輝　山中堅司

【著者紹介】

安井友梨（やすい　ゆり）

ビキニフィットネスアスリート、銀行員。

オーストラリア・ニュージーランド銀行 シニアリレーションシップマネジャー。社内トップクラスの営業成績を誇るエリート銀行員でありながら、オールジャパン・ビキニフィットネス選手権大会5年連続チャンピオン。

競技と仕事の「二刀流」にこだわり続け、食べながらやせて筋肉をつける「安井式メソッド」がSNSなどで話題に。全国で予約の取れないセミナーとして大人気となる。

2015～2019年JBBFオールジャパン・ビキニフィットネス選手権大会優勝、IFBB世界フィットネス選手権大会日本代表、2018年アーノルドクラシック ヨーロッパ大会4位。2019年世界アジアボディビル・フィットネス選手権大会優勝。IFBBビキニフィットネスでは日本人最高の世界ランク4位を獲得。

食に関する知識も豊富で、雑穀エキスパート、ローフードマイスター1級の資格を持つ。『人生が変わる1分間の深イイ話』(日本テレビ)、『みんなで筋肉体操』(NHK)、『マツコの知らない世界』(TBS)など、メディア出演多数。

オフィシャルブログ　https://ameblo.jp/yuriyasui/

インスタグラム　https://www.instagram.com/yuri.yasui.98/

YouTube「安井友梨のFAVOチャンネル」

https://www.youtube.com/watch?v=HJWVe2V1r8E

筋肉をつけて24時間代謝を上げる！働きながらやせたい人のための「食べまくりダイエット」&「超時短ゆるガチ筋トレ」

自宅でできる簡単メソッド

2020年8月20日発行

著　者――安井友梨
監修者――松久貴晴
　　　　　髙西文利（トレーニング監修）
発行者――駒橋憲一
発行所――東洋経済新報社
〒103-8345　東京都中央区日本橋本石町 1-2-1
電話＝東洋経済コールセンター　03(6386)1040
https://toyokeizai.net/

ブックデザイン……金井久幸（TwoThree）
本文デザイン……藤　星夏（TwoThree）
イラスト……………内山弘隆
DTP……………アイランドコレクション
カバー写真………MKglobe
ヘアメイク…………kiki
編集協力…………高橋扶美
編集アシスト………濱田千鶴子
校　正……………加藤義廣　佐藤真由美
印刷・製本………丸井工文社
編集担当…………田中順子　中里有吾

ISBN 978-4-492-04669-2